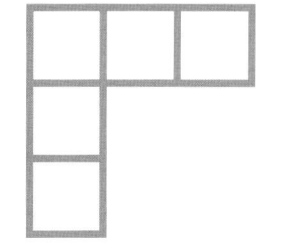

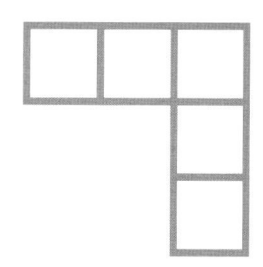

法人後見
実務ハンドブック

池田惠利子・冨永忠祐・小嶋珠実・田邊仁重・新保勇　著

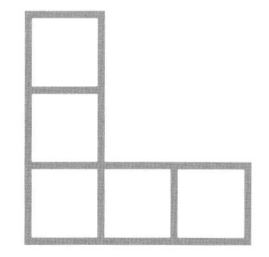

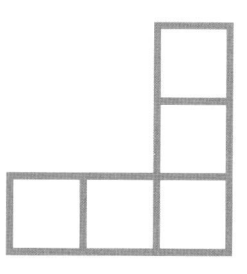

発行　民事法研究会

は し が き

　平成12年に新しい成年後見制度がスタートした当初、法人後見人の選任数はごくわずかであったが、年々、その数は増加している。法人後見は、自然人による後見等と異なり、後見事務が長期・広範囲に及ぶ場合にも的確に対応でき、かつ組織的に後見事務を遂行できる長所を有する。今後も法人後見のニーズはますます高まることが予想される。

　ところで、法律には、法人後見の事務に関して何の規定もない。したがって、法人後見を担っている法人は、自然人による後見事務のあり方を応用して、適宜、実務にあたっているのが実情である。自然人の成年後見人等であれば個人で判断することになるが、法人後見では実際に判断をすべき者は誰なのか、法人の代表者である理事長か、あるいは理事会か、それとも現場の担当者が判断してよいのか、担当者が判断してよいとしても、どこまでの判断権限を誰がどのように担うのか……。考え方を整理しておくべき課題は多い。

　本書は、法人後見のあり方について全般的に説明したうえで、具体的な法人後見の実務を細部にわたって解説したものである。特に、実際に法人後見事務を行っている東京都世田谷区の社会福祉法人世田谷区社会福祉協議会と一般社団法人成年後見センターペアサポートの協力を得て、具体的事務に即した実践的内容を随所に盛り込んでいることが特徴である。すでに法人後見事務を行っている法人や、これから始めることを計画している法人の実務の参考に供していただければ望外の幸せである。

　末筆ながら、多忙な中、本書の執筆に精力的に取り組んでくださった執筆者の方々、そして本書の編集にご尽力いただいた民事法研究会の担当者の皆様方に、著者を代表してお礼申し上げたい。

　平成27年 5 月

　　　　　著者を代表して　一般社団法人成年後見センターペアサポート
　　　　　　　　　　　代表理事・弁護士　冨　永　忠　祐

目　次

第1章　法人後見導入の経緯と背景

1. 法人後見が導入された経緯……………………………………………1
2. 法人後見人の選任状況……………………………………………2
3. 利用者が法人後見を選択する理由……………………………………3
4. 成年後見人側からみた法人後見のメリット…………………………4

第2章　法人後見における組織・役割

1. 法人後見受任団体の資格………………………………………………6
2. 法人の組織………………………………………………………………7
3. 法人後見を受ける段階における意思決定……………………………8
4. 法人において現実に成年後見業務を行う者…………………………9
5. 職員の裁量権の範囲……………………………………………………10
6. 理事会への付議の要否…………………………………………………11
7. 成年後見業務に対する監督機関………………………………………13
8. 法人組織内における情報の管理………………………………………14
9. 顔の見える法人後見……………………………………………………15
10. 複数の成年被後見人等の成年後見業務における留意点……………16

第3章　法人後見事務の手続・内容

1. 本章の趣旨………………………………………………………………18

目 次

〈図1〉 法人後見業務の概要と流れ………………………………………19
〈図2〉 ペアサポートの成年後見業務の概要（法定後見の流れ）………22
〈図3〉 世田谷区社会福祉協議会成年後見センターの相談から
　　　　受任までの流れ………………………………………………………24
〈図4〉 世田谷成年後見センター成年後見業務の概要（流れ）…………25

② 法人後見の事務と手続………………………………………………………26
　A 受任準備業務……………………………………………………………27
　B 審判書受領直後から審判確定時までの業務…………………………28
　C 審判確定直後の事務……………………………………………………29
　【資料1】 成年後見人等就任後の事務チェックリスト（例）…………30
　D 後見等開始直後の事務①――活動の前提……………………………31
　E 後見等開始直後の事務②――身上監護………………………………35
　　コラム・住民票の移動…………………………………………………36
　F 後見等開始直後の事務③――財産管理………………………………37
　G 家庭裁判所への初回報告………………………………………………39
　H 本人の意向・生活状況・心身状態の把握……………………………40
　I 身上監護…………………………………………………………………41
　J 財産管理（日常業務）…………………………………………………43
　　コラム・身元保証人……………………………………………………45
　　コラム・利益相反行為…………………………………………………46
　K 特殊な財産管理①――税にかかわる業務……………………………47
　L 特殊な財産管理②――留守宅の管理（本人が自宅不動産を
　　所有している場合）……………………………………………………49
　　コラム・成年被後見人等宛ての信書の開封…………………………50
　M 特殊な財産管理③――株式関係業務…………………………………51
　N 特殊な財産管理④――居住用不動産の処分等………………………52
　　コラム・居住用不動産の処分…………………………………………53
　O 各種資料の取寄せ………………………………………………………54

3

目　次

 Ⓟ　推定相続人の調査……………………………………………54
 Ⓠ　家庭裁判所への継続報告……………………………………55
 Ⓡ　終末期における業務…………………………………………56
 Ⓢ　本人が亡くなったら…………………………………………57
 Ⓣ　相続関係………………………………………………………58
 Ⓤ　家庭裁判所への最終報告書の作成・提出…………………59
 Ⓥ　相続人への財産の引渡し、終了……………………………60
  コラム・相続人への財産引渡し……………………………61

第4章　事例からみる法人後見業務の流れと注意点

事例1　視覚障害のある在宅高齢者事案〈ペアサポート〉……………62
事例2　養介護者による虐待が疑われた高齢者の事案
　　　　〈ペアサポート〉………………………………………………72
事例3　高齢者夫婦と障害のある子のいる世帯への支援
　　　　〈社会福祉協議会〉……………………………………………81
事例4　障害のある方への支援――申立支援からかかわって
　　　　補助人を受任したケース――〈社会福祉協議会〉…………89

・執筆者一覧………………………………………………………………98

【凡　例】

一般法人法　　　　　一般社団法人及び一般財団法人に関する法律
個人情報保護法　　　個人情報の保護に関する法律

第1章 法人後見導入の経緯と背景

1 法人後見が導入された経緯

　平成11年改正前の民法には、法人後見人（以下では、法人保佐人を含む）の選任に関する規定は存在しなかった。それゆえ、民法の解釈上は、法人は後見人等として認められるのかどうか、はっきりしていなかった。

　しかし、認知症高齢者・知的障害者・精神障害者等のニーズの多様化に伴い、福祉関係の事業を行う法人がその人的・物的な態勢を組織的に活用して本人の財産管理・身上監護の事務を遂行することが必要かつ適切な場合があることが指摘された。また、本人に身寄りがない場合には、適当な成年後見人等の候補者を見出すことが困難であることが少なくない。そのような場合の受け皿として法人を後見人等として認めることの必要性が指摘されていた（小林昭彦＝大門匡編著『新成年後見制度の解説』126頁）。

　こうした指摘を受けて、平成12年4月1日に施行された改正民法は、法人も成年後見人等に選任され得ることを明文化した。すなわち、民法843条4項は、「成年後見人を選任するには、成年被後見人の心身の状態並びに生活及び財産の状況、成年後見人となる者の職業及び経歴並びに成年被後見人との利害関係の有無（成年後見人となる者が法人であるときは、その事業の種類及び内容並びにその法人及びその代表者と成年被後見人との利害関係の有無）、成年被後見人の意見その他一切の事情を考慮しなければならない」（下線は筆者）と規定し（同法876条の2第2項・876条の7第2項で保佐人・補助人に準用され

1

ている)、法人も成年後見人等に選任され得ることが前提とされている。なお、成年後見人等には法人も含まれる旨を直接的な規定形式ではなく、上記のような間接的な規定形式がとられたのは、一般に、民法で単に「人」と規定している場合には当然に法人も含まれると解されており、成年後見人についてだけ、「人」には法人も含まれるといった規定を設けてしまうと、民法の他の規定の解釈に影響を与えてしまうからである（小林＝大門・前掲書127頁)。

2 法人後見人の選任状況

改正民法の施行後、法人後見人の選任件数は、毎年増加している。

最高裁判所事務総局家庭局がまとめた「成年後見関係事件の概況」によれば、施行直後の平成12年度（平成12年4月〜平成13年3月）には、法人後見人の選任件数はわずか13件にすぎなかった。しかし、新しい成年後見制度が発足して5年目を迎えた平成16年度（平成16年4月〜平成17年3月）には98件にまで増え、その後も上昇の一途をたどり、平成25年（平成24年1月〜同年12月）には、社会福祉協議会560件、弁護士法人233件、司法書士法人197件、行政書士法人27件、その他法人959件の合計1976件にまで増えている。

もちろん全体を眺めれば、成年後見人等に選任される件数では、親族や自然人の専門職等が圧倒的な多数を占めており、法人後見人が選任される割合は僅少である。

しかし、一般的な傾向として、親族以外の第三者が成年後見人等に選任される件数が増加傾向にあるところ、自然人である専門職後見人の数が不足していると指摘されていることに鑑みれば、法人後見のニーズはますます高まるであろう。したがって、法人後見人の選任件数は今後も増えていくことが予想される。

3 利用者が法人後見を選択する理由

　成年後見制度の利用者が、自然人の成年後見人等ではなく、法人の成年後見人等を選択する理由としては、次の場合があげられる（前田稔「法人後見の活用と任意後見契約」実践成年後見3号23頁）。

(1) 長期にわたる後見事務が予想される場合

　自然人の成年後見人等は、事故や病気等で死亡することがあり、また、高齢や病気等のために後見事務を行うことが困難になる場合もある。特に、成年被後見人等が若年の障害者である場合などのように、後見事務を行う期間が長期にわたることが予想される場合には、より一層そのリスクが高まる。成年後見人等が死亡したり、辞任した場合には、新たな成年後見人等が選任されることになるが、従前の成年後見人等と成年被後見人等との間で長年にわたって構築されてきた信頼関係は、新たな成年後見人等には引き継がれない。

　これに対して、法人は、死亡、高齢、病気等に遭遇することがないので、成年後見人等の交替という事態が通常生じない。法人内部における後見事務の具体的な担当者の交替は起こりうるが、引継ぎを円滑に行う工夫をすることで、担当者の交替後も成年被後見人等との信頼関係を維持することが可能である。

(2) 任意後見の場合

　法人後見は、上記のように長期にわたる後見事務が予想される場合のみならず、任意後見においてもメリットを有する。

　任意後見制度は、判断能力が正常であるときに任意後見契約を締結しておいて、将来、精神上の障害により事理弁識能力が不十分な状況になったときに契約を発効させる制度であるから、契約締結時から契約発効時まで相当の長期間を要することが一般的である。したがって、自然人の任意後見受任者の場合、契約発効までに任意後見受任者が事故や病気等で死亡するといった

リスクがある。

　法人後見であれば、そのようなリスクがないので、任意後見制度を利用する者にとって安心である。

(3) 後見事務の対象地が広範囲にわたる場合

　たとえば、成年被後見人等が現在は東京で生活をしているが、将来は地方での生活を希望している場合や、成年後見人等による管理を要する成年被後見人等の所有不動産が遠隔地に所在する場合には、自然人の成年後見人等が地方や遠隔地に赴くことは、たいへんな労力を要するので、適切な対処が容易でない。

　そのような場合には、本部のほかに支部を有する法人が成年後見人等となることによって、不都合が解消される。

(4) 成年後見人等の相性に不安を覚える場合

　成年被後見人等と成年後見人等との相性が悪くても、法律上は、相性が悪いとの理由だけでは成年後見人等の交替を求めることができないので、成年被後見人等は相性の悪さを我慢するほかない。

　これに対し、法人後見では、複数の後見事務担当者を設定することにより、成年被後見人等との相性の良し悪しの問題を回避することが可能になる。

(5) 大きな組織によるバックアップを受けて安定した後見事務を求める場合

　自然人の成年後見人等の場合、個人の力量によって後見事務の巧拙が左右される。

　これに対し、法人後見では、法人が組織として後見事務担当者をバックアップするので、個人の力量によって後見事務の巧拙が左右されることが少ない。このことが、成年被後見人等に対し、安心感と信頼感をもたらす。

4　成年後見人側からみた法人後見のメリット

　他方、成年後見人等の立場に立ってみると、法人後見には以下のメリット

がある（前田・前掲論文24頁）。

(1) 後見事務担当者が組織的なバックアップを受けることができること

後見事務は、日常的に大小さまざまな判断を迫られるだけでなく、時には難しい判断を迫られ、また、法律、介護、医療等の専門的知識に基づく判断を求められる。こうした判断を自然人の成年後見人等が1人ですべて行うのは酷な場合があり、また、自然人である成年後見人等がそれらの専門的知識を正確に有しているとは限らない。したがって、必要に応じて、他者からの支援を受けて後見事務を遂行することになる。

これに対し、法人後見では、対応が難しい事案では、チームによる対応をしたり、専門家と適宜連携するなどして、後見事務担当者を組織的にバックアップすることができる。

(2) 後見事務担当者の健康状態の悪化等に対する不安を解消できること

自然人である成年後見人等は、将来、自身の健康状態の悪化や不慮の事故等により後見事務を行えなくなり、成年被後見人等に迷惑をかける事態が生起するのではないかという漠然とした不安を常に抱えている。

これに対し、法人後見では、万が一、後見事務担当者の健康状態が悪化するなどの事態に陥っても、担当者を交替することによって後見事務を継続することができるので、そうした不安を解消することができる。

第2章 法人後見における組織・役割

1 法人後見受任団体の資格

　民法上、成年後見人等となることのできる法人の資格についての制限規定はない。したがって、民法上は、いかなる法人であっても成年後見人等となることができる。

　ところで、法人は、自然人と異なり、民法その他の法律の規定によって成立する（民法33条1項）。ある団体に法人格を認める「その他の法律」の規定としては、次のようなものがある。

・会社法3条（会社）
・特定非営利活動促進法1条（NPO法人）
・医療法39条1項（医療法人）
・司法書士法26条（司法書士法人）
・税理士法48条の2（税理士法人）
・一般法人法3条（一般社団法人、一般財団法人）
・社会福祉法22条（社会福祉法人）
・弁護士法30条の2第1項（弁護士法人）
・公認会計士法34条の2の2（監査法人）
・行政書士法13条の3（行政書士法人）　など

　もっとも、法人は、法令の規定に従い、定款その他の基本約款で定められた目的の範囲内においてのみ権利・義務を有する（民法34条）。

　したがって、民法上は、成年後見人等となることのできる法人の資格が制

限されていないといっても、他の法令で成年後見人等になることが禁止されておらず、なおかつ各法人の定款等の基本約款において成年後見人等になることが法人の業務として規定されていなければ、現実には法人が成年後見人等となることはできない。

ちなみに、定款中の「目的」の条項には、以下の内容の規定をおくことになる。

> 1　成年後見人、保佐人、補助人、任意後見人、成年後見監督人、保佐監督人、補助監督人及び任意後見監督人の業務を執行する事業
> 2　前号に掲げる事業に附帯又は関連する事業

2　法人の組織

法人の組織は、法人の種類によって異なるが、おおむね共通するものとして、次の3つの機関がある。

① 　意思決定機関
② 　業務執行機関
③ 　監督機関

以下では、一般社団法人を例に説明する。

まず、社員総会または理事会が重要な事項について意思決定を行う（一般法人法35条・90条2項1号）。

社員総会は、原則として、法定事項および一般社団法人の組織、運営、管理その他一般社団法人に関する一切の事項について決めることができるが（一般法人法35条1項）、理事会を設置している場合には、理事会が一般社団法人の業務執行を決定するので（同法90条2項1号）、社員総会は法定事項および定款で定めた事項に限り、決定権限を有する（同法35条2項）。

こうした社員総会または理事会の意思決定に従って、理事が法人の業務を

執行する（一般法人法76条1項）。理事は、業務を執行するにあたり、社員総会または理事会から委任を受けた範囲内で日常的な意思決定も行う。

そして、監事が理事の職務の執行を監査する（一般法人法99条1項）。

理事が複数いる場合には、各理事がそれぞれ一般社団法人を代表するのが原則であるが（一般法人法77条2項）、定款などで定めれば、法人を代表する権限をもつ代表理事を定めることができる（同条1項）。代表理事を定めた場合には、それ以外の理事は法人の代表権をもたない。なお、理事が複数いる場合には、成年後見業務に精通している者を「成年後見担当理事」として指名しておくと、事務処理の都合上、便利である。

もちろん、法律上は理事が法人の業務を執行することになっているとはいっても、理事自身で法人の業務をすべて執行することは現実には困難である。

それゆえ、実際に法人後見の業務を行うのは、当該法人と雇用契約を締結して、理事の指揮監督の下で業務に従事する職員（使用人）であることが通常である。

3　法人後見を受ける段階における意思決定

法人後見においては、新規案件につき法人として成年後見人等を引き受けるか否かの意思決定をするのは、理事（代表理事または成年後見担当理事）であるのが一般的であると思われる。

たとえば、家庭裁判所や行政から成年後見人等の就任依頼があった場合などのように、成年後見人等を引き受けるか否かの判断は、迅速性が求められることが少なくないので、社員総会または理事会をそのつど開催して引き受けるか否かの意思決定をすることは現実的ではない。

もっとも、理事が成年後見業務に詳しくない場合には、次善の策として、成年後見業務に精通している職員に対してその判断を委ねることもあり得よう。

しかし、通常、法人として新規に成年後見人等を引き受けるか否かの判断

は、当該法人の運営にとって極めて重要な影響を与える。しかも、万が一その判断に過ちがあった場合（ちなみに、成年後見人等はいったん就任すると、「正当な事由」がない限り辞任できない（民法844条））には、職員に判断を委ねた理事自身、ひいては法人自身も責任を免れないので、十分に留意しなければならない。

　特に法人後見の場合、法人職員を含め法人の関係者が多数に上るため、成年被後見人等およびその親族等と法人の関係者との間に利害関係があることが起こりやすい。たとえば、法人の職員の1人が成年被後見人等およびその親族等と親族・知人であったり、商取引上のつながりがあったりすると、成年後見人等としての職務の公正性が疑われるおそれがある。したがって、法人として新規に成年後見人等を引き受けるか否かの判断をするにあたっては、自然人が成年後見人等を引き受ける場合と比較して、人間関係調査をより一層ていねいに行う必要がある。

　このように考えると、成年後見業務を担当する理事は、成年後見業務に精通しているだけでなく、法人として新規に成年後見人等を引き受けるか否かの判断を的確に行うことのできる人物であることが求められている。少なくとも、その判断を職員に丸投げするような理事は、成年後見業務の担当理事としては失格である。

4　法人において現実に成年後見業務を行う者

　法人が成年後見人等を引き受けた場合、法理論上は、その職務を執行するのは法人自身であり、成年後見人等としての権利義務の帰属主体も法人自身である。

　とはいえ、現実に成年後見人等の職務を執行するのは、理事の指揮監督の下で業務に従事する職員である。

　このように職員は、形式的には理事の指揮監督の下で職務を執行するわけであるが、成年後見業務の細部にわたって理事の指揮監督を受けることは、

実際には困難である。

そこで、一般的には、職員が理事からある程度の幅のある裁量権を与えられて、日常業務において発生する問題については、職員が理事に事前に相談することなく、職員の判断で処理していることが多いと思われる。

しかし、職員の判断で処理した場合でも、あくまでも成年後見人等は、職員自身ではなく、法人自体であるから、その処理の経緯・結果については、理事に事後報告をしなければならない。たとえ理事に事前に相談したうえで処理した場合でも、その結果についてあらためて理事に事後報告をしなければならないことは当然である。

理事への報告は、処理をした後に速やかに行うというやり方もあるが、緊急性を要する事務処理を除き、一定期間中のものをまとめて定期的に報告するという方法もある。なお、この報告は、口頭での報告だけでなく、後日における検証のために書面化する必要がある。

5 職員の裁量権の範囲

ところで、職員の判断で処理することを許容する裁量権の範囲をどのように画定するかは、実務上、難しい問題である。

通常、組織内には職階があるので、現場の一般職員から始まり、主任、係長、課長、部長、リーダー等のさまざまな名称の職位がおかれている。そして、各職位に応じて、判断権限の幅に差異が設けられており、上の職位であるほど広範な裁量権が付与されているのが一般的である。

たとえば、日常的に使うおむつなどの生活用品の購入といった些細な事務であれば、現場の職員の判断に任せるべきであるが、そうでない事務は、職階を通じて組織全体としての対応をすることが必要である。その際に、部下から上司への相談経緯や、組織としての決裁過程等については、後に検証できるように、記録化して残しておく必要がある。

職員だけで処理できる事務については、いちいち理事に事前に報告したう

えでその承認を得る必要はないであろう。そのうえ、理事の事前承認制をルール化すると、後見事務の処理が非常に煩瑣となってしまう。

しかし、施設への入所、自宅の処分や増改築、多額の金員の支出などの重要な事柄については、職員の判断に任せるのではなく、必ず理事の承認を事前に得たうえで進めなければならない。

理事の承認を事前に得るか、それとも事後報告にとどめるかの境界線の画定基準をどのようにするかは難しいが、職員としては、判断に悩みが生じたときには、積極的に理事に相談することを心がけ、理事の判断を仰ぐことを原則とすべきであろう。逆にいうと、日頃からそのような職員からの相談に的確に応じられる者こそが、成年後見担当理事として適任である。

理事の事前承認を必要とするか否か、そして、理事の事前承認を不要とする場合において、法人組織の職階の中で判断権者を誰にするかの線引きは、難しい問題である。1つのモデルとしては、以下の分類が可能であろう。

① 現場の職員の判断でよい事項　金融機関等への成年後見の届出、低額な日用品の購入、施設等の費用の定型的かつ低額な支払い
② 主任・課長クラスの判断を要する事項　一定額以上の物の購入、施設等の費用の定型的かつ一定額以上の支払い、非定型的な支払い
③ 部長クラスの判断を要する事項　高額な物の購入、高額な支払い、入退院
④ 理事の事前承認を要する事項　不動産の購入・処分、施設の入退所、家庭裁判所への報告

いずれにせよ、何か問題が発生した場合に、責任を追及されるのは、職員個人ではなく、法人全体であることを忘れてはならない。

6　理事会への付議の要否

法人の職員と理事との関係は前述したとおりであるが、それとは別に、成年後見業務における個々の事務処理の判断を、理事（代表理事または成年後

見担当理事）が単独で行うのか、それとも合議体としての理事会が行うのかという問題がある。

　理事会を招集する場合には、原則として、理事会の日の１週間前（定款でこれを下回る期間を定めた場合には、その期間）までに、各理事および各監事に対してその通知をしなければならないが（一般法人法94条１項）、例外として、理事および監事の全員の同意があるときは、招集の手続を省略して開催することができる（同条２項）。

　この例外規定を活用して、理事会を機動的に開催することができるのであれば、必要に応じて、適宜、理事会を開催すれば足りる。しかし、現実には、各理事が多忙なために都合がなかなか合わないことが多いので、理事会をタイムリーに開催することは容易ではない。また、緊急案件であっても必ず理事会に付議しなければならないルールを設けてしまうと、すぐに判断しなければならない案件に対して的確な対応ができないので、不便である。そこで、一定の事項については、あらかじめ判断権限を理事会から理事個人に付与しておくことが必要である。

　ここで、理事会がどのような事項を理事（代表理事または成年後見担当理事）個人の判断に委ねるかは難しい問題である。

　これは、理事個人がどの程度成年後見業務に精通しているかといった個人の資質にも左右されるところであるが、抽象的には、事柄の重要性に照らして理事会の判断を経ることが適当であると考えられるものに限って理事会に付議し、それ以外は理事個人が判断をするという運用でよいと思われる。ただ、それ以外に、たとえ重要事項であっても、緊急を要する場合には例外的に理事個人が判断することが許されるという緊急ルールを設けておくと、事務処理上、便利である。

　できれば法人内部における理事会付議基準（たとえば、不動産を売却する場合には必ず理事会に付議するなど）を定めて、書面化しておくことが望ましい。

7　成年後見業務に対する監督機関

　法人後見において理事および法人の職員が職務を執行するにつき、不適切な執行がなされないように、これを監督する機関を設けることが必要である。法律上、一般社団法人では監事がこの職務を担う（一般法人法99条1項）。

　監事は、理事が不正の行為をし、もしくは当該行為をするおそれがあると認めるとき、または法令もしくは定款に違反する事実もしくは著しく不当な事実があると認めるときは、遅滞なく、その旨を理事または理事会に報告しなければならず（一般法人法100条）、また、これにより法人に著しい損害が生ずるおそれがあるときは、当該理事に対し、当該行為をやめることを請求することができる（同法103条1項）。

　このように監事は、監督機関として職責を担うものであるから、理事と一定の距離を有する中立・公正な立場の者が就くことが望ましい。理事と監事が懇意な間柄であると、監事による適切・妥当な監督を期待することができないだけでなく、法人に対する対外的信頼を損ねる危険もある。

　なお、法定の必置機関ではないが、法人として成年後見業務を執行するにあたり、その透明性を高めて対外的信頼を得るために、外部の弁護士や学識経験者等の専門家による監督機関を設置することも有効である。

　この外部の専門家からは、単に業務監督だけでなく、成年後見業務の執行にあたって悩みごとが発生した場合に、適宜、専門的な助言を得られるという、法人にとって有形・無形の大きなメリットを享受することもできる。

　こうした監督機関に関連して、法人内部に関係者からの苦情を受け付ける部署（苦情受付窓口）と苦情を適切に処理する部署を設けることが有用である。たとえば、成年被後見人等の親族から法人の苦情受付窓口に対し、担当者の態度が横柄であるとの苦情が寄せられた場合には、速やかに法人内部で事実関係を調査し、もし当該苦情にかかる事実が認められた場合には、担当者に対する指導や担当者の交替などの措置を行う。こうした苦情は、単に、

法人職員の問題行動を改善させるだけでなく、法人による成年後見業務をより一層優れたものとする契機となる。さらに、苦情対応がしっかりできていることは、当該法人に対する対外的信頼を高める副次的効果を生む。

8　法人組織内における情報の管理

　成年後見業務を執行するにあたっては、成年被後見人等の個人情報をはじめとする、関係者の個人情報やさまざまな秘密情報に接する機会が多い。

　成年後見業務を行う法人においても、こうした個人情報等を適正に取り扱う義務を負い（個人情報保護法3条）、あらかじめ本人の同意を得ないで、利用目的の達成に必要な範囲を越えて個人情報等を取り扱ってはならないことは当然である（同法16条1項）。

　したがって、法人内部における個人情報等の管理については細心の注意を払う必要がある。

　たとえば、適切なアクセス制限がなされた保管場所を定めたうえで、紙媒体およびCDなどの持ち運び可能な電子媒体については、鍵付きのロッカーで保管し、鍵は責任者が管理すること、保管用のロッカーは、外から中をのぞかれないように、ガラス戸のものは避けること、アクセス制限の方法としては、部外者が入れないようにICカードによって入退室を管理し、パソコン内のデータについては、ログインIDとパスワードを設定すること、管理者による承認システムをおくことなどが考えられる。

　とりわけ職員の数が多い法人では、情報漏洩の防止をより万全なものとするため、日常業務においては、成年被後見人等の氏名を一切表示せずに、通し番号で「○号案件」と称することによって案件を特定する配慮をするとよい。

　しかし、他方では、組織として成年後見業務を行う以上、職員間における情報の共有化も必要である。もし情報管理をあまりに厳格に行うと、各職員に対する情報到達時間にタイム・ラグが生じ、新情報に接した職員とまだ接

していない職員が生まれるので、日々の円滑な業務執行の妨げとなる。また、職員は、退職したり、病気・出産等による休職をしたりすることがありうるが、一部の職員に情報が集中していると、当該職員がいなくなった場合に、その後、他の職員において業務を執行できないだけでなく、情報の消失というリスクもある。

それゆえ、職員間における情報の共有化が必要となる。個人情報等の管理の必要性との関係で、どの程度、職員間の情報共有化を図るかは、悩ましい問題であるが、抽象的にいうと、業務執行に必要な情報だけを（業務執行に不必要な情報を共有する必要はない）、業務執行に必要な範囲の者に限定して共有することが基本となる。

なお、理事および職員に対しては、成年被後見人等の個人情報等を正当な理由なく外部に開示することを禁ずる守秘義務のほか、退職した後も引き続き守秘義務が課される旨の内部規則を策定すべきである。

9　顔の見える法人後見

成年後見業務の基本は、成年被後見人等と成年後見人等とのマン・ツー・マンの人間関係（顔の見える後見）である。

ところが、法人後見では、組織として成年後見業務を執行するので、成年被後見人等と成年後見人等とのマン・ツー・マンの人間関係の構築、そして信頼関係の確立が難しい。仮に成年被後見人等ごとに特定の担当者をおいたとしても、組織である以上、職員の転勤等の異動は不可避であるので、同一の担当者が長年にわたって成年被後見人等を支援し続けることは困難である。

法人後見においてもできるだけ顔の見える後見を実現するには、成年被後見人等ごとに2名以上の複数の担当職員をおいたうえで、なおかつ短期間で担当職員が交替する事態をできるだけ避ける工夫をする。

そして、仮に当該担当職員が異動することになっても、質の高い、継続性のある成年後見業務を執行できるように、組織内における情報共有と、十分

な引継ぎが不可欠である。

10　複数の成年被後見人等の成年後見業務における留意点

　高齢の夫婦がともに認知症に罹患している場合や、兄弟がともに障害者である場合などにおいては、成年後見事務の円滑な遂行を図るために、複数の成年被後見人等について1人の成年後見人等が成年後見業務を行うことがある。これは、自然人の成年後見人等でも起こりうることであるが、法人後見でも起こりうることである。

　このような形で成年後見人等が選任されるケースでは、複数の成年被後見人等の間に利害対立が顕在化していないのが一般である。もし何らかの利害対立がすでに生じているか、または近いうちに生じることが予想される場合には、成年被後見人等に別々の成年後見人等が選任されるのが通常である。

　しかし、複数の成年被後見人等につき1人の成年後見人等が兼任しているケースにおいても、成年被後見人等の間に利害対立が全くないわけではない。たとえば、利害対立が顕在化していない場合でも、親族である成年被後見人等の間には扶養の権利・義務があり（民法877条1項・2項）、また、そもそも夫婦の財産は実質的な所有者が夫であるのか妻であるのか判然としないことが少なくなく、さらに、親族である成年被後見人等がともに他の親族の推定相続人（同法887条・889条・890条）であることも多いので、潜在的な利害対立は常に伴っている可能性がある。

　そのうえ、このような法律上の問題にとどまらず、事実上の問題として、成年被後見人等の間の関係が良好ではないために、何らかのきっかけで感情的な対立が一気に爆発するようなケースもある。

　これらの潜在的な利害対立まで視野に入れると、複数の成年被後見人等について自然人の成年後見人等が兼任することは、できれば避けたほうが無難であろう。もちろん複数の成年被後見人等の利害対立が顕在化した局面に至れば、成年後見監督人等または特別代理人が一方の成年被後見人等の立場に

立って適切に対処することになるが（民法860条・826条2項）、円滑に成年後見業務を遂行させるためにあえて1人の成年後見人等に兼任させたにもかかわらず、ことあるごとに成年後見監督人等または特別代理人の選任が必要というのでは本末転倒である。また、複数の成年被後見人等の利害対立が顕在化していない時点でも、1人の自然人の成年後見人等が潜在的な利害対立にまで心配りをして成年後見業務を遂行することは容易ではない。

　法人後見においても、こうした構造は自然人の場合と変わりがない。ただし、法人後見の場合には、複数の成年被後見人等それぞれに別々の担当者をあてることによって、それぞれの成年被後見人等の立場を各担当者が適切に代弁することが可能となる。複数の成年被後見人等を1人の法人職員が受けもつのでは、せっかくの長所が活かされない。

　一方、複数の成年被後見人等それぞれに別々の担当者が存在するのであるから、それぞれの立場の相違から、各担当者の意見が食い違うことも当然生じるであろう。この場合には、各担当者間で真摯な議論を尽くして問題を解決するのが基本である。しかし、どうしても各担当者間では解決に至らない場合には、各担当者の上司による調整に委ねられる。

　そして、上司による調整がつかない場合や、そもそも上司による調整をすることが適当でないと判断される場合には、自然人の場合と同様に、成年後見監督人等または特別代理人による適切な関与が必要となる。

第3章 法人後見事務の手続・内容

1 本章の趣旨

　本章では、第1章・第2章に基づき実施されるべき法人後見事務の手続・内容について、実際の取組みを踏まえて、一般的なものを紹介する。

　まず、〈図1〉において、事務手続の概要と流れを示す。また、参考として、ペアサポートおよび世田谷区社会福祉協議会成年後見センターにおける事務の流れについても〈図2〉～〈図4〉で示した。

　次に、それぞれの段階における事務手続の詳細について、各項目ごとに「業務リスト」を掲げたうえで、それぞれの業務について、詳しい内容や遂行上の注意点等を解説している。なお、業務リストにあげている業務内容については、すべての事案で必要となるものと、状況に応じて必要となるものがあるので留意されたい。

　解説中、成年後見制度および関係領域において注意すべきポイントを「コラム」として取り上げている。

　また、先に述べたようにここで紹介するのは一般的な法人後見事務であるが、ペアサポート・世田谷区成年後見支援センターにおいて工夫している点や特徴的な事柄を「🅿の場合」「世の場合」として紹介している。

〈図1〉 法人後見業務の概要と流れ

状　況	業務内容
申立前後	**受任準備業務　→A参照** 〈具体例〉受任検討、担当者決定、候補者事情説明書提出　など
↓ 審判書受領後 〜 審判確定時	**審判書受領直後の業務　→B参照** 〈具体例〉審判書受領、担当者への審判書のコピー交付　など **審判確定時……審判から約2週間後** 〈具体例〉謄写記録取寄せ申請　など
↓ 審判確定 直後	**審判確定直後の事務　→C参照** 〈具体例〉司法協会より謄写記録入手、後見方針検討　など
↓ 初回報告 前対応	**後見等開始直後の事務①─活動の前提　→D参照** 〈具体例〉本人・主治医面接、行政関係書類転送手続、預貯金通帳等受領　など **後見等開始直後の事務②─身上監護　→E参照** 〈具体例〉今後の身上監護方法検討・確認、福祉サービス契約の内容の確認　など **後見等開始直後の事務③─財産管理　→F参照** 〈具体例〉重要書類等の保管、税・保険料支払い　など
↓ 初回報告	**家庭裁判所への初回報告　→G参照** 〈具体例〉財産目録・収支予定表の作成・提出　など
↓ 定例業務	**本人の意向、生活状況、心身の状態の把握　→H参照** 〈具体例〉本人との面接、送付物のチェック　など **身上監護　→I参照** 〈具体例〉本人との面接、ケアプランの見直し、医療への対応　など

定例業務	財産管理（日常業務）　→J参照	
	〈具体例〉契約の内容・履行の確認、日常業務の支払い、立替金清算　など	
	特殊な財産管理①──税にかかわる業務　→K参照	
	〈具体例〉確定申告要否検討、税理士への申告依頼　など	
	特殊な財産管理②──留守宅管理　→L参照	
	〈具体例〉固定資産税納付、火災保険付保・更新、郵便物の回収　など	
	特殊な財産管理③──株式関係業務　→M参照	
	〈具体例〉株式や投資信託等の継続・終了判断　など	
	特殊な財産管理④──居住用不動産の処分　→N参照	
	〈具体例〉居住用不動産の処分	
	各種資料の取寄せ　→O参照	
	〈具体例〉戸籍謄本、住民票等の請求・取寄せ	
定例業務でない業務	推定相続人調査　→P参照	
継続報告	継続報告　→Q参照	
	〈具体例〉後見事務報告書、財産目録等の作成・提出　など	
⬇		
終末期	終末期における業務　→R参照	
	〈具体例〉死後の事務を見据えた対応、看取り介護　など	
⬇		
終了時	本人が亡くなったら　→S参照	
	〈具体例〉入院等費用の清算、死亡診断書の手配　など	
	相続関係　→T参照	
	〈具体例〉遺言書の確認、相続人の確認　など	

終了時	**最終報告書の提出　→U参照** 〈具体例〉最終財産目録・収支状況報告書・報酬付与申立書の作成・提出　など
	相続人への財産の引渡し、終了　→V参照 〈具体例〉相続人への連絡、財産の引き継ぎ、相続財産管理人選任の申立て　など

第3章　法人後見事務の手続・内容

〈図2〉ペアサポートの成年後見業務の概要（法定後見の流れ）

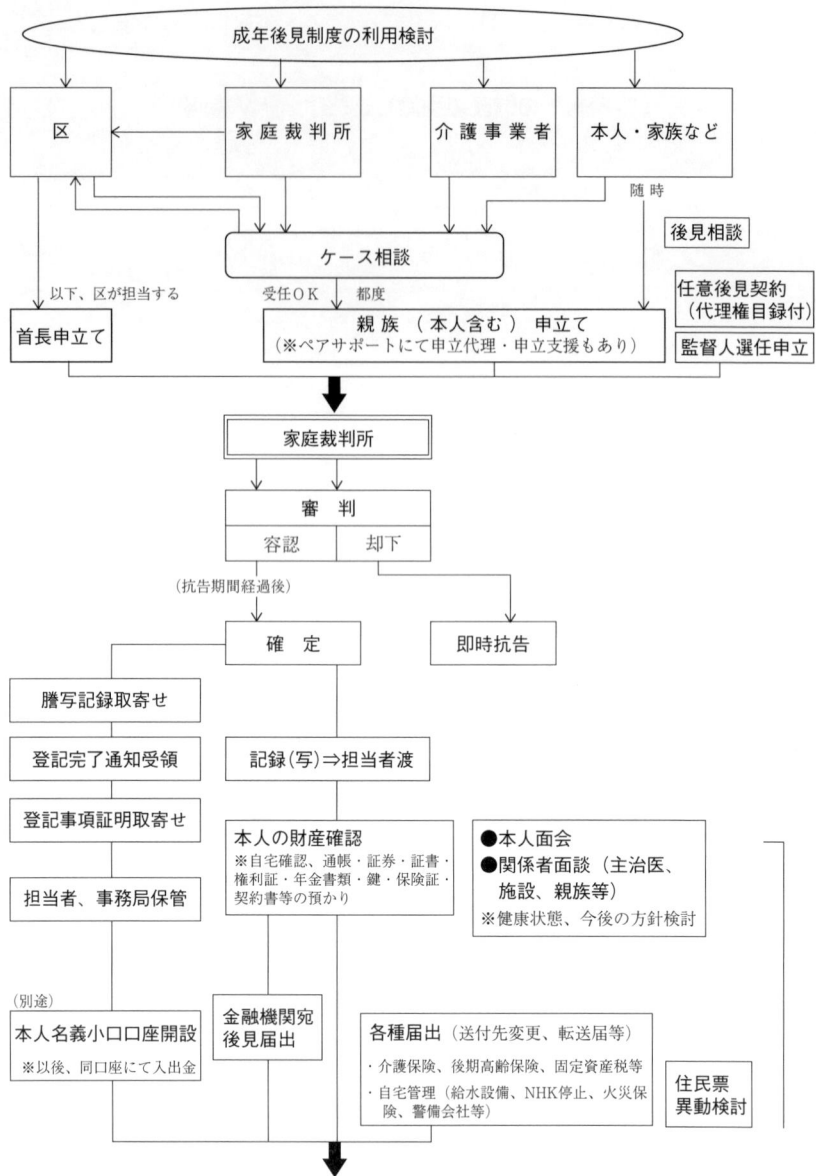

1 本章の趣旨

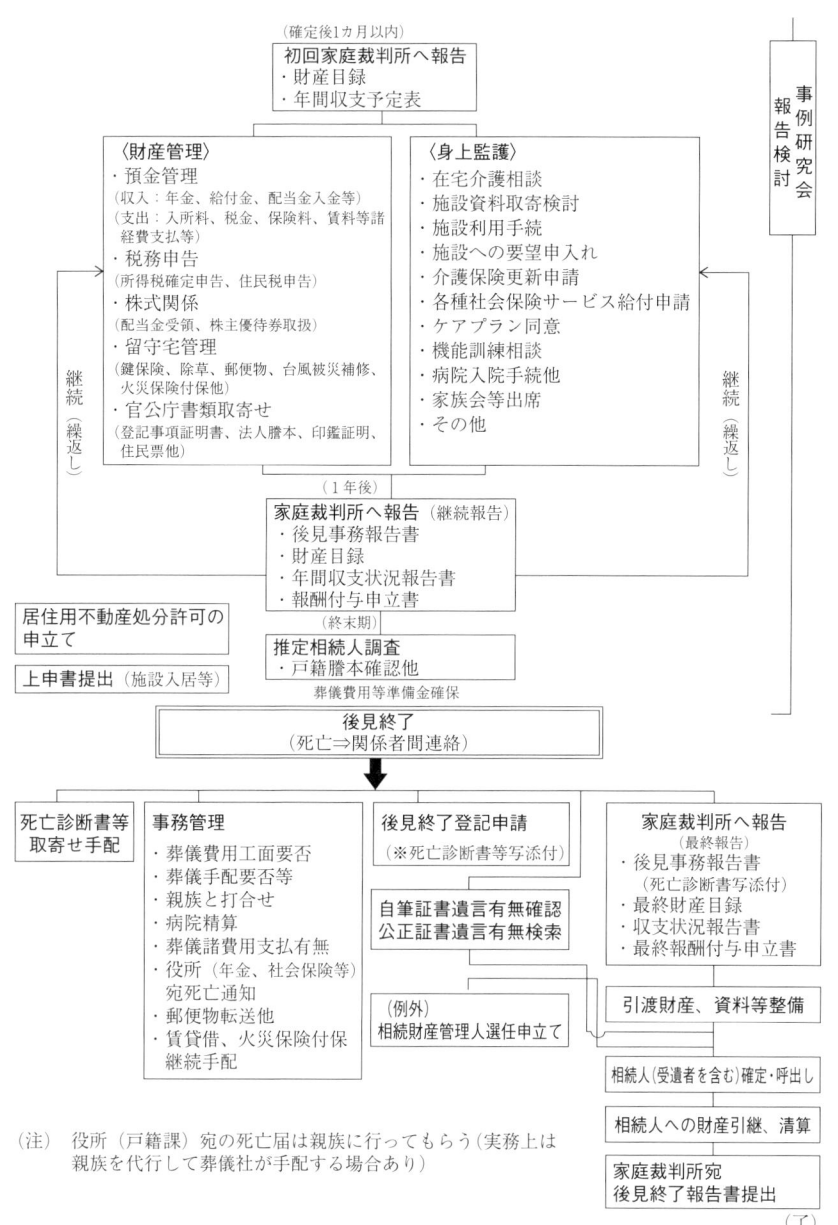

第3章 法人後見事務の手続・内容

〈図3〉世田谷区社会福祉協議会成年後見センターの相談から受任までの流れ

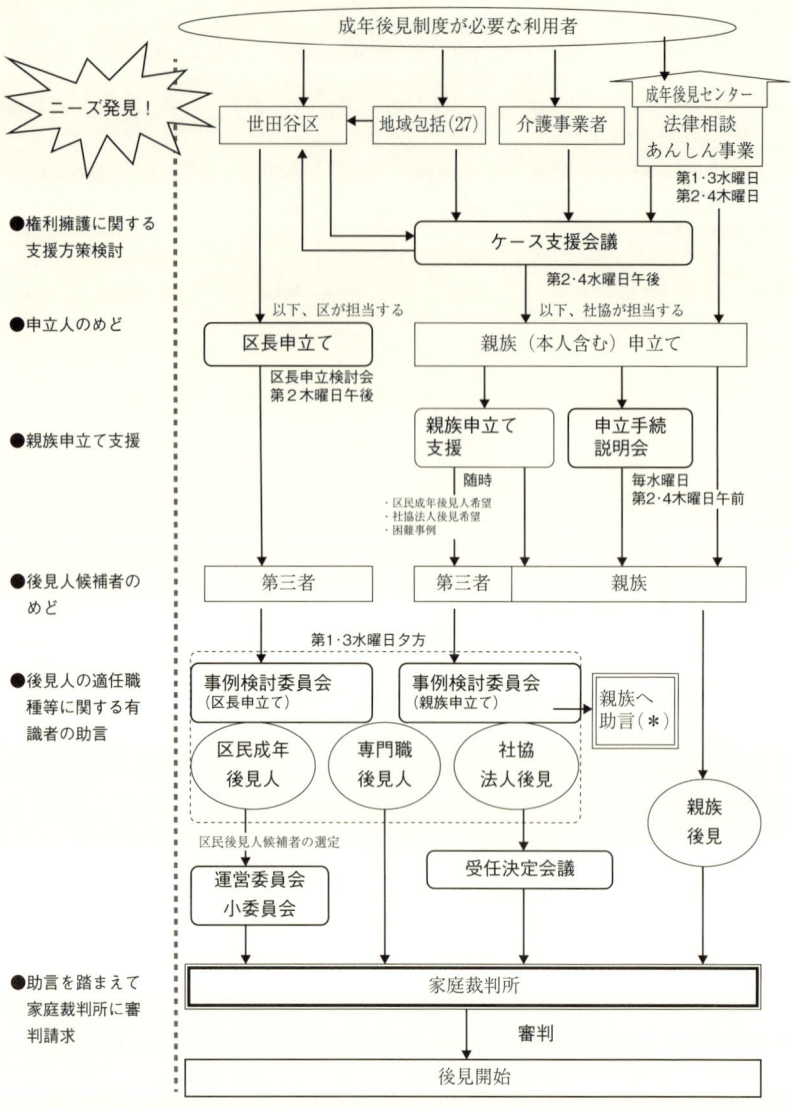

（＊）助言に基づいて親族申し立てする場合で
① 区民成年後見人を依頼するときは運営委員会小委員会を経る。
② 社協法人後見を依頼するときは受任決定会議を経る。

1　本章の趣旨

〈図4〉世田谷成年後見センター成年後見業務の概要（流れ）

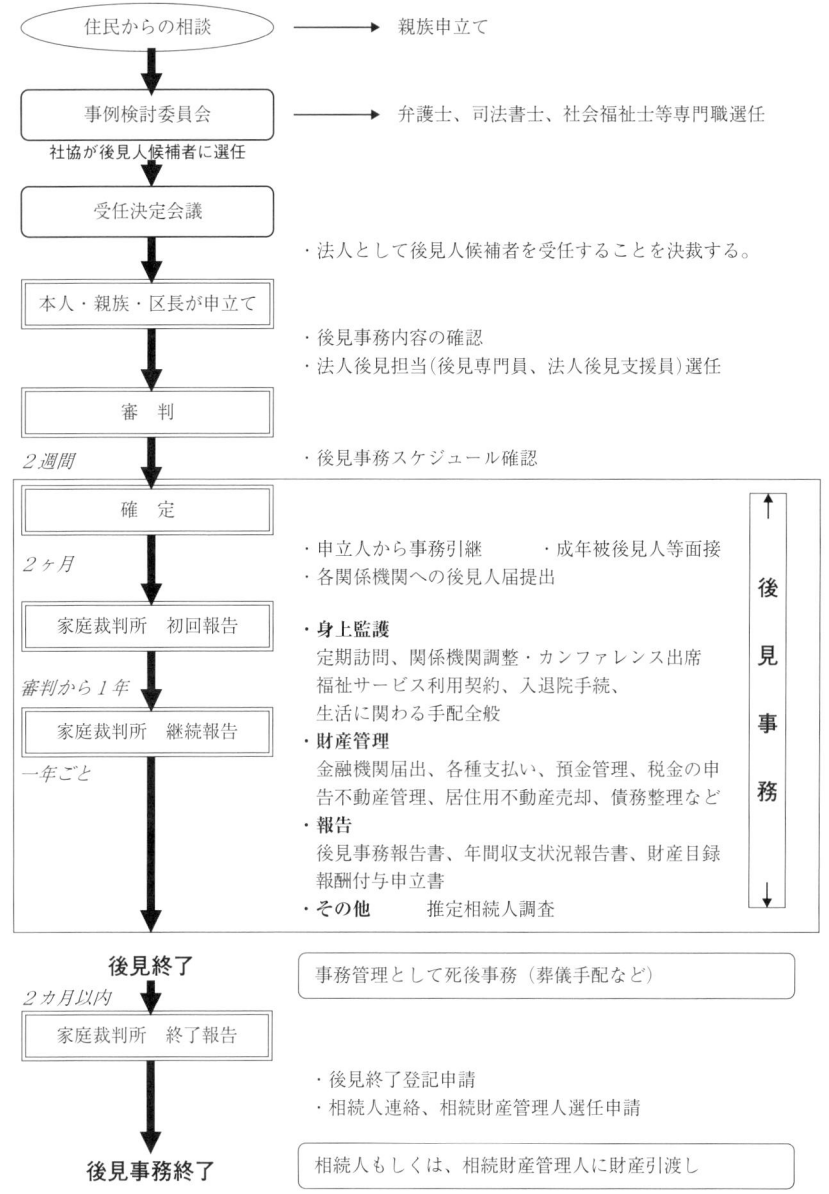

2 法人後見の事務と手続

　まず、一般的に、成年後見制度を必要としている方から、自治体や地域包括支援センター、介護事業者等に成年後見制度利用の相談がある。後見等開始審判の申立ての支援を必要とする方は、ここから弁護士や司法書士等の専門職が申立てを支援することとなるが、Ⓐの受任受備業務について受任前に申立調整を行うことがある世田谷成年後見センターの業務について述べる。

　成年後見センターでは、相談窓口を設け、住民や福祉関係者等からの相談に応じている。相談の中から、必要に応じて日常生活自立支援事業や成年後見制度の利用を案内している。

　成年後見制度に関する相談では、成年後見制度の内容、当事者に対する申立ての可否、親族が申立てを行う場合の手続説明などを行っている。特に親族にとって負担といわれる後見等開始審判の申立てに関しては、「申立手続説明会」を実施し、親族が家庭裁判所の申立て書類を作成する際のアドバイスを行い、後見等開始の審判申立てが円滑に進むよう支援している。

　親族申立ての際には、親族が成年後見人等候補者になることが多い。中には、成年後見人候補者等として、社会福祉協議会が指名される場合があり、その際には、事例検討委員会、受任決定会議を経て社会福祉協議会が受任することを決定している。

A 受任準備業務

──/業務リスト/──
- ☑ ① 裁判所等からの受任打診を受けて法人内での受任検討
- ☑ ② 受任・担当者決定
- ☑ ③ 本人との事前面接
- ☑ ④ 家庭裁判所へ候補者事情説明書・法人登記事項証明書を提出

●業務リスト解説●

① 裁判所や自治体から、あるいは一般相談を通じて、法人に後見受任の受入れについて打診がなされる。これを受けて、法人内で受任するか否かの検討を検討委員会等において行う。受任検討にあっては、受任を打診してきた機関（家庭裁判所、区役所等）から詳細な説明を受ける。

② 法人内での検討の結果、受任することとなった場合、検討委員会等で検討し、担当者を決定する（たとえば、成年被後見人等と同じ地域に居住する担当者を指定しなかったり、同性の担当者がよいという人には同性の担当者を指定したりする。また、本人の居住場所にアクセスしやすい地域に住んでいる者や、事案の特性を見極め担当者の得意分野にあわせて選任することもある）。

③ 成年後見人等候補者である法人として、本人の意向を確認するため、担当者等が事前面接を行う。

④ 法人（事務局）にて成年後見人等候補者事情説明書、法人登記事項証明書を家庭裁判所に提出する。裁判所は法人所在地、業態、構成員、財政状況、受任実績等を勘案し、法人の適格性を確認し、また、本人の意向等を総合的に考慮して、選任の審判をする。

B 審判書受領直後から審判確定時までの業務

/業務リスト/

- ☑ ① 審判書の受領
- ☑ ② 担当者への審判書のコピーの引渡し
- ☑ ③ 裁判所への審判確定日の確認
- ☑ ④ （確定時）司法協会宛てに謄写記録の取寄せを申請
- ☑ ⑤ 虐待案件や財産管理上の緊急性を要する場合等に、確定証明書の申請（通常は、行わない）

●業務リスト解説●

① 後見等開始・成年後見人等選任の審判がなされると、審判書が家庭裁判所から法人（事務局）へ送付される。特別送達扱いであり、郵便箱に入れられるようなことはないので、受領時に必ずサインをする。収授したら、受取日を必ず記録する。

② 審判書が届いたら、担当者に当該審判書のコピーを渡す（付与されている権限を確認する）。

③ 審判が確定するのは、後見等開始が本人および成年後見人等に告知（審判書受領）されてから2週間後となる（家事事件手続法123条等）。確定していないと記録の謄写などをすることができないため、事務局が裁判所に審判確定日の確認を電話で行う。この確定日は、法人として後見等を開始する重要な日でもある。

なお、成年被後見人等が単身独居の場合、審判書を受け取ることができず、審判が確定しないといった事例もあるので注意が必要である。このような場合、たとえば、ヘルパーと連携して受け取るようにするなど工夫しなければならない。

④ 事案内容を把握するために、事務局にて司法協会（通常は裁判所内にあ

る）に対し、事件記録のコピー（謄写）取寄せの申請を行う
⑤　虐待案件、財産保全等で緊急性を要する場合は、審判確定日から成年後見人等としての業務を行う必要があることもある。

　しかし、後見等が開始したことおよび成年後見人等の権限を示す登記事項証明書は、登記手続に時間がかかるため、確定後直ちに交付を受けられるわけではない（後見等の確定から登記完了までおおよそ2週間程度かかる。そのため、登記事項証明書の入手は、審判確定後2～3週間後となる）。

　そこで登記事項証明書の交付が受けられない場合は、事務局にて、登記事項証明書に代えて、裁判所に確定証明書を申請し、受領する（通常は、登記事項証明書を権限確認資料とするため、登記事項証明書入手の場合はこの確定証明書の取寄せは行わない）。

C　審判確定直後の事務（資料1参照）

／業務リスト／
- ☑　①　司法協会より謄写記録の受領
- ☑　②　後見方針の検討、後見事務内容の確認
- ☑　③　法務局宛てに登記事項証明書申請・受領
- ☑　④　謄写記録・登記事項証明書の担当者への送付

●業務リスト解説●

①　事件の概要を把握するため、事務局にて前掲 B ④により、謄写記録を入手する（謄写金額は数千円～1万円前後、枚数により変動する）。申立てから候補者としてかかわり、申立書（控え）が手許にある場合は、取寄せ不要である。

【資料1】 成年後見人等就任後の事務チェックリスト（例）

	項目	内容	相手先など	備考
財産管理	財産管理	前任者からの引継ぎ	審判確定後、施設より引継ぐ。 立会い： 担当ケースワーカー 後見支援機関	・引継ぎの日程調整を行う。 ・登記事項証明書が必要 審判確定後、登記完了通知が、家庭裁判所から届く。 東京法務局から登記事項証明書を取り寄せる（確定後の事務費用はまとめて本人の財産から払戻す）。
		未払い金などの支払いの確認	関係者からの情報、郵便物などで確認	有無の確認
		小口現金の有無の確認	施設で確認	管理方法を確認する
	金融機関届出	財産調査・月額収支の把握	成年後見人等届出手続	事前に銀行等より手続書類取寄せ、添付書類手配
		小口管理、口座開設	最寄りの銀行	
文書管理	郵便物	本人受取り 施設・事業所等受取り	受取り方法の確認	必要に応じ、転送届
		後見人宛送付先変更	区・年金事務所・郵便局等	要手続
身上監護	処遇方針	担当者会議	ケアマネジャー、施設相談員	・福祉サービスの利用 ・日常の金銭管理の方法
		ケアプラン確認	成年後見人等が確認	
	入所利用契約	施設・事業所等入所契約　契約者変更	成年後見人等が施設に確認	医療同意・身元引受はできない。必要なら覚書などで対応検討。 →あらかじめ契約書面チェック。
	身の回り品の管理	衣類・持ち物の確認	成年後見人等が確認	必要に応じ、施設職員やヘルパー等に依頼
	公共機関関係の手続	年金証書の確認、各種申請・届出手続	日本年金機構等	必要に応じ再発行を受ける。
		保険証・医療証の確認、各種申請届出手続	役所、保険担当課	医療証の保管場所の確認。 施設に預ける場合は、写しを手元に保管。
	関係者への連絡	後見受任連絡	親族・施設等	**当面は保留**（後見人就任後、折をみて、関係機関と相談しながら行う。） いずれ、保証人、死後事務（葬儀、埋葬、財産の引渡し等）の役割確認は必要となる。
家裁への報告	家裁提出書類の作成	財産目録・年間収支予定表の作成・初回報告	家庭裁判所	＿月＿日まで ↑（家庭裁判所から指定あり） ※審判書と同封の手紙で指示がある。

② 法人としての身上監護・財産管理について方針を検討・決定する。その方針に基づき、後見事務の内容およびスケジュールの確認を担当者が行う。

> **Ⓟの場合**
> ペアサポートにおいては、弁護士と社会福祉士が2名1組で財産管理を弁護士が、身上監護を社会福祉士が担当する。

③ 審判が確定すると、裁判所書記官から東京法務局に対し、審判内容について登記の嘱託がなされる。登記が完了すると、家庭裁判所から「登記完了通知書」が法人事務局に送付される。上記受任通知後事務局にて登記事項証明書を法務局に申請し、取得する（1通550円（収入印紙貼付））。この登記された内容を証する書面が登記事項証明書であり、成年後見人等の権限を証明する書面となる。

④ 謄写記録・登記事項証明書入手後、担当者に渡す。情報管理上、FAXによる送信はしない。

D 後見等開始直後の事務①――活動の前提

／業務リスト／

- ☑ ① 本人・主治医、福祉関係者、施設担当、親族、近隣の人など関係者と面談し、情報を収集する。
- ☑ ② 介護保険証等福祉サービス等に関する書類が成年後見人等に届くよう行政機関あてに「送付先指定届」を提出する。
- ☑ ③ 本人・親族等から預貯金通帳、証書、キャッシュカード、有価証券、鍵、年金関係書類、火災保険証書等を受領する（預証作成）。
- ☑ ④ 保険証、入手不能通帳、後期高齢者医療被保険証、介護保険被保険者証等の再発行を申請する。

- ☑ ⑤ 申立書財産目録に記載されている銀行や証券会社等に対し、後見届出用紙の郵送を依頼
- ☑ ⑥ 銀行や証券会社等に対する後見届出（登記事項証明書・法人登記事項証明書・印鑑証明書準備等添付）
- ☑ ⑦ 本人名義の小口管理口座開設（最寄りの金融機関）
- ☑ ⑧ 初回財産目録・年間収支予定表の作成（家庭裁判所初回への報告）に向けた準備

●業務リスト解説●

① 担当者が、本人や主治医に面接し、本人の状態や意向などを把握するほか、本人が生活していくためにどのような福祉サービス・介護サービス・医療サービス等が必要かを確認・検討する。また、福祉サービス関係者や親族等の関係者からも事情を聞いて本人に関する情報を収集する。そうして得た情報をもとに、成年後見人等としての対応方針（介護等の要否、費用、施設利用等）などを検討する。あわせて、関係者には今後の協力を依頼する。

② 事務局にて、行政の関係部署に対し、年金、健康保険、介護保険、後期高齢者医療保険、固定資産税等の関係書類の送付先を成年後見人等にしてもらうように手続をする。これにより行政からの各種書類が法人事務局の住所に届くことになる。

　なお、行政に関しては1回送付先変更届をすれば更新の必要はない。自治体によっては、一括した手続ができるところもあるが、内容によって窓口が異なるところもある。

③ 本人・親族等から預貯金通帳、キャッシュカード、自宅や車の鍵、有価証券、不動産の権利証、年金書類、火災保険証書、介護被保険者証、後期高齢者医療被保険者証、各種契約書等を受け取り、事務局にて保管する。

管理の具体的な方法は後掲 F ① を参照。

> **Ⓟの場合**
> ペアサポートにおいては、預貯金通帳は弁護士が保管する。

> **Ⓢの場合**
> 世田谷成年後見センターにおいては、事務所内金庫に保管し、出入庫管理票で管理する。

　預貯金通帳については、通帳記入を行い、年金の入金状況（きちんと入金されているか、把握している年金以外にも定期的収入があるか）や収支の状況を確認する。

　社会保険関係の申請や金融機関等に後見開始の届出をする際には、本人の保険証等が必要となる。

　また、通帳等を紛失している場合には再発行手続を行う（家庭裁判所への初回報告財産目録に記載）。

　受け取った資料等をもとに、本人の生活実態や自宅の状況などを把握する。あわせて、必要な資料があるかを確認する。

④　介護保険被保険者証や後期高齢者医療被保険者証は、介護サービスや医療行為を受けるときに必要なため、これらを紛失している場合には、事務局が関係役所に対して再発行手続を行う。また、自宅についての火災保険への加入がされていないようであれば、加入を検討する。

> **Ⓟの場合**
> ペアサポートにおいては、自宅管理チェックリストがある。それに基づいてチェックを行っている。

⑤、⑥　申立て時の財産目録記載の銀行や証券会社等の金融機関や、その後新たに判明した本人口座のある金融機関について、後見開始の届出手続を行う。届出関係用紙は、当該金融機関に、事務局宛てに郵送してもらう。

届出にあたっては、後見登記事項証明書、法人登記事項証明書、印鑑証明書などが必要になるので、事務局にて取り寄せ、準備しておく。

なお、各金融機関によって求める書類が異なる点に留意する。

株式等の有価証券を有する場合も、銀行への届出に準じ、証券会社に対して同様の手続をとる。本人確認のため新規口座を開設する場合もあるが、証券会社によって取扱いが異なるので確認が必要である。

> **Ｐの場合**
> ペアサポートにおいては、金融機関より後見届出手続用紙入手後事務局にて、法人代表印の調印手続を行い、登記事項証明書、代表者印鑑証明とあわせて担当弁護士に郵送する。担当弁護士はこれを受け、自己の職印を銀行取引印として押印のうえ、金融機関の窓口へ出向き届出手続を行っている。

> **Ｓの場合**
> 法人代表印の調印について起案決裁後、事務担当職員が手続を行う。

⑦ 日々発生する小額な支払いに備え、事務局にて、成年後見人等の最寄りの金融機関に、本人名義の小口管理口座を開設する。その際成年後見人等による入出金を可能とするため、取引印として専用の「銀行取引印」を届け出る。

以後、入出金は基本的にこの小口管理口座にて行う。したがって、原資としての年金や給付金は小口管理口座に入金する手続をとる（→後掲 Ｆ ④）また、原資が不足する場合には、他の口座から小口管理口座に補充送金を行う（→後掲 Ｊ ⑤）。

⑧ こうして得た情報や資料をもとに、初回の財産目録・年間収支予定表を作成し、所定の期日（審判書送付時に指定される）までに家庭裁判所に提出できるよう、資料の作成等を行う。

E　後見等開始直後の事務②──身上監護

/業務リスト/

- ☑ ①　施設入居契約書、居宅サービス契約書、介護用品レンタル契約書ほか身上監護にかかわる契約内容の確認
- ☑ ②　今後の身上監護の方針（訪問介護・施設入所・費用等）および収支予定の検討・確認
- ☑ ③　住民票移動に関する検討（→ コラム ）
- ☑ ④　施設入所を検討する場合、施設案内取寄せなど
- ☑ ⑤　担当者・関係先と協議し、入室内定
- ☑ ⑥　必要に応じて家庭裁判所への報告
- ☑ ⑦　契約手続

●業務リスト解説●

①　施設入所契約書、居宅サービス契約書、介護用品レンタル契約など、本人の生活にかかわる契約のサービス内容、費用、ケアプラン関係等を確認する。

②　今後の身上監護を行ううえで、どこで行うか（施設か自宅か）、どの程度の費用が必要かなどについて、本人の健康面（介護・治療の要否等）もあわせて検討・確認を行う。要介護認定を受けておらず介護サービスの利用が必要な場合には、要介護認定の申請を行う。

③　住民票の移動は、施設の地元優先募集入居など身上監護面に影響を及ぼすことや、不動産譲渡時の適用税率など財産管理面にも影響することがあるので、移動に際しては十分に確認・検討を行う（→ コラム ）。

④　施設入所の方向で検討する場合には、施設から、入所案内取寄せや、サービス面・費用面についての確認を行う。

⑤　施設入所を進めることとなった場合には、施設受入れ準備（入居室、入

居日、介護・医療体制）の確認、入居保証金（有料老人ホーム）、行政の福祉制度、給付内容の確認など、入居に向けた具体的な事項について、関係者と協議する。

⑥　在宅より施設入居へ移行する場合、本人の健康面・精神面、収支状況などに少なからぬ影響が見込まれることがある。そのようなときは、家庭裁判所にその旨を報告することが望ましい。

⑦　施設入居契約書、在宅サービス契約書、介護用品レンタル契約書などの契約を行う。施設入所の際、場合によっては入居保証金を支払うこともある。

> **コラム　住民票の移動**
>
> 　転出（市区町村の区域外へ住所を移すこと）する場合には、あらかじめ、その氏名、転出先および転出の予定年月日を市区町村長に届け出なければならない。そして、転出先においては、転入した日から14日以内に転入届を市区町村長に届け出なければならない。正当な理由なくこれらの届出をしない場合には、罰則が適用される。
>
> 　後見実務においては、成年被後見人等が長期入院したり、施設に入所することが起きるが、これらの場合には、住民票の移動の要否について検討することになる。
>
> 　そもそも「住所」とは、生活の本拠のことであり、これは、客観的な居住の事実を基礎とし、これに主観的な居住意思を総合して認定される。具体的には、病院等に入院している者については、当該病院の医師の診断書により、将来に向かって1年以上の長期かつ継続的な入院治療を要すると認められる場合を除き、原則として家族の居住地に住所があるとされ、社会福祉施設に入所する者については、当該施設長によって将来に向かって1年以上施設に居住することが認められる場合を除き、原則として家族の居住地に住所があるとされる。なお、老人福祉施設に入所

する場合には、施設長の認定は必要とされていない。自治省行政局振興課長通知「住民基本台帳の質疑応答について」(昭和46年3月31日付け自治振第128号)

　こうしたルールに従うことなく、成年被後見人等の住民票を成年後見人等の勝手な判断で移動させると、職権で住民票の記載が消除されるだけでなく、虚偽の届出をしたとして罰則が適用されることになり得るので、注意が必要である。

F　後見等開始直後の事務③──財産管理

/業務リスト/

- ☑ ①　預貯金通帳、年金証書、有価証券、貴金属、不動産権利証(登記識別情報)等の保管(貸金庫へ)
- ☑ ②　固定資産税納付、火災保険契約付保の確認、保険料支払い、賃料の支払い、空家(留守宅)管理方法の検討
- ☑ ③　郵便貯金の有無および簡易保険の有無について調査(念のため郵便局に確認)
- ☑ ④　年金振込先を本人名義の小口管理口座に変更する手続を行う。
- ☑ ⑤　通帳にて年金の振込みを確認できない場合には、年金事務所へ振込先確認

●業務リスト解説●

①　本人の預貯金通帳、有価証券などの保管方法を検討・決定する。不動産の権利証については安全を考え、最寄りの金融機関等の法人の貸金庫にて保管する。預り品ごとに、保管先を事務局と担当者のどちらで保管するかをルール化しておく。

② 居宅管理の一環として、固定資産税の納付中は、自宅の火災保険契約の付保状況についてチェックする。付保されていない場合は、直ちに付保手続を行う。毎年更新継続手続が必要となるので注意する。また、借地や借家であれば、地代や家賃の支払状況を確認し、未払い分があれば速やかに支払う。なお、空家（留守宅）の管理については後掲 Ⓛ 参照。
③ 郵便貯金の通帳等が見当らない場合には、事務局にて、郵便局に貯金および簡易保険の有無について問い合わせる（通帳がなくても貯金がないとは限らない）。「有」の感触を得た場合は、後見届出の手続（通帳再発行請求と同時手続）を経た後、郵便局宛てに「郵便貯金照会書」を提出し、後日、取引明細書の送付を受ける。簡易保険については、保険料が郵便貯金からの自動振替によって支払っていれば判明しやすいが、現金払い（集金払い）であったり一時払いをしているケースもあるため、把握漏れが出やすい。簡易保険事務センターに、「簡易保険照会書」を提出し、簡易保険契約の内容を確認する。
④ 年金事務所に、年金振込先を本人名義の小口管理口座とする手続を行う。これは、関係書類の送付先変更の届出も兼ねている。
⑤ 通帳の記載からは公的年金の振込みが確認できないときは、担当者が、年金事務所に社会保険振込先口座の照会をする。

> **Ⓟの場合**
> ペアサポートにおいては、財産管理は担当弁護士が行っており、小口管理口座の通帳（事務局保管）以外の通帳は担当弁護士が保管する（金融機関の貸金庫に保管）。

> **Ⓢの場合**
> 財産管理は、ケース会議で方針を決定した後、担当職員が指示して、事務担当職員が手続・支払い・入力を行う。
> 手続については、区民成年後見人養成研修修了生で法人と雇用契約を結んだ法人後見支援員が行う場合もある。

G 家庭裁判所への初回報告

/業務リスト/
- ☑ ① 担当者による財産目録・収支予定表の起案
- ☑ ② 財産目録・収支予定表の最終確認・作成・押印・提出
- ☑ ③ 期間伸長の申立て

●業務リスト解説●

① 裁判所へ初回報告する財産目録・年間収支予定表を作成する。財産目録は、現時点における預貯金や株式等の資産状況および負債の有無を示すもので、財産の基礎情報となる。年間収支予定表は、本人の年間の収入と支出を予測して記載したものであり、今後の後見業務の計画を金銭面から裏づける資料となる。財産目録・収支予定表について、担当者が起案する。

② 担当者が起案した財産目録・収支予定表について、法人内での所要の決裁を経て、代表者印押印のうえ、裁判所に提出する。

　なお、受任の後に発生した債務についての支払いは、本件書類を裁判所へ提出した後に行う。

③ 財産目録は、1カ月以内に作成・提出しなければならない（民法853条1項）。しかし、この期間が十分ではないために財産調査が未了である場合は、期間伸長の申立てをすることができる（同項ただし書）。もちろん原則は、同項によるものであり、例外的な対応であることに留意すべきである。

H 本人の意向・生活状況・心身状態の把握

―/業務リスト/――――――――――――――――――
- ☑ ① 本人と面会し、本人の意向や心身状態、生活状況を把握する
- ☑ ② 各種送付物の受領・チェック
- ☑ ③ 本人が施設入居している場合の自宅内の電気、水道、ガス、電話、NHK 停止の検討
- ☑ ④ （必要な場合に）住民票の移動

●業務リスト解説●

① 適正な後見事務遂行のためには本人の意向や心身の状態、生活状況を把握することが大切であるから、定期的に面会し、現在の状況を把握する（→後掲 I ①②）。また、本人についての情報を幅広く収集するために、本人を支援する関係者（親族を含む）から情報を収集する。

② 本人のもとに届いた郵便物について、本人のプライバシーに配慮しながら、本人と一緒に内容を確認する（信書を除く）。特に金融機関等からの取引明細、利用料計算、入金案内、運用報告、契約更新案内などについては、見落としがないように注意する。取引の存在が新たに判明した場合には、財産目録に追加する。

③ 本人が施設に入居している場合は、不要な支出を防ぐため、自宅の公共サービスの停止を検討する。停止する場合は、事務局にて所要の手続を行う。

④ 施設入所している場合で、住民票の移動が必要な場合は、事務局が役所に出向き手続を行う（住民票の移動の要否については前掲 E ③参照）。

I 身上監護

> /**業務リスト**/
> - ☑ ① 本人との面接
> - ☑ ② 本人の状態や介護サービス等の履行状況をチェックする。また、必要に応じてケアプランの見直し、各種サービス事業者との契約を行う。
> - ☑ ③ 介護・医療・障害関係認定申請
> - ☑ ④ 高額介護サービス費や高額療養費の支給申請等、各種給付金の申請
> - ☑ ⑤ 医療関係の対応
> - ☑ ⑥ 施設における金銭管理
> - ☑ ⑦ 本人を中心とするネットワークの構築

●業務リスト解説●

① 担当者が、本人と定期的に会い、本人の希望や意思を確認する。少なくともおおむね1～2カ月に1回以上が望ましい。

② 担当者が、サービス事業者より本人の日常生活状況の報告を受け、また、サービスの履行状況をチェックする。その結果や本人の意向に応じて、ケアマネジャーや施設担当者等と、本人の状態にあわせて、ケアプランを確認し、必要に応じ見直しを行うなど、本人にとって望ましい生活環境整備に努める。ケアカンファレンスなどにも出席するようにする。なお、具体的なサービスとしては（施設契約、体調の把握、機能訓練（リハビリ）、栄養プラン、訪問介護、デイサービス、訪問看護、医療等）があげられる。上記①で確認した本人の意思が代弁されていることが大切である。

③　身上監護は介護・医療等のサービスを受けるため必要な申請（更新）手続を行う。具体的には（介護保険の要介護認定申請・区分変更要請、後期高齢者医療限度額適用・標準負担額減額認定、介護保険負担限度額認定申請、障害支援区分認定申請、障害者手帳交付申請、自立支援医療申請等）がある。なお、自立支援医療については申請書が送付されてこないことがあるため、その際は、確認が必要である。

④　高額介護サービス費、高額療養費の支給要件に該当する場合、支給の申請を行う（通常は、行政の担当部署から申請書が送付される）。ほかに給付金等がある場合は、申請を行う。

⑤　医療機関から求められた場合、健康診断の受診やインフルエンザ予防接種の要否について判断を行う。その他医療同意の問題について、あらかじめ法人としての対応方針を検討しておき、本人の意向が確認できない場合には法人の決定した方針に沿って対応する。

⑥　日常生活上の金銭管理を施設等に依頼している場合は、入出金状況について月ごとに報告を受ける。また、日常生活上必要なものの購入を、ケアマネジャーを通じてヘルパーや施設職員に依頼する。本人が入院中であるなど、購入を依頼できる者がいないときは、担当者自ら行うこともある。

⑦　本人を中心におき、支援の関係者によるネットワークを構築し、介護サービス等の契約状況確認のため見守る。ネットワークは、親族、行政、福祉関係者、近隣住民、主治医などが対象となる。

> **Ⓟの場合**
> ペアサポートにおいては、身上監護は担当社会福祉士が行う。

> **Ⓢの場合**
> 世田谷区成年後見センターでは、身上監護については担当職員と法人後見支援員がチームで対応する。

J 財産管理（日常業務）

/業務リスト/
- ☑ ① 預貯金口座や動産の管理
- ☑ ② 各種契約の内容および履行確認、記名・押印、送付
- ☑ ③ 小口管理口座による各種支払い
- ☑ ④ 担当者立替金の清算
- ☑ ⑤ 小口管理口座の不足に伴う送金手続
- ☑ ⑥ 施設入所や入院に伴う業務
- ☑ ⑦ 年金現況届等の提出
- ☑ ⑧ 現況届等への回答

● 業務リスト解説 ●

① 本人の預貯金口座や重要な動産の管理を行う。

　預貯金については、定期的に通帳記入を行うことで、収支状況を把握する。動産については、金融機関の貸金庫などで保管しておくことが望ましい。なお、保管するものごとに保管担当を決めておく（→前掲 F ①）

② 各種契約（例：賃料、更新料、貸家の場合の賃料入金状況、預り金残高、火災保険契約更新ほか）の更新状況・契約内容につき、そのつど確認を行い、履行漏れのないよう留意する。

　契約を結ぶ際には、本人名を表示したうえで、その成年後見人として調印する。たとえばペアサポートでは、「○○○○成年後見人　一般社団法人成年後見センターペアサポート　代表理事○○○○㊞」となる。調印は事務局にて手続をする。

③ 基本的には後見に係るすべての支払いは小口管理口座（小口管理口座の開設に関しては、前掲 D ⑦を参照）により行うこととする。担当者が請求書を受領し、内容を確認したうえで事務局へ関係書類を渡し、振込手続は

事務局が行う。具体的には、施設利用料、医療費、生活費（給水光熱、電話、小遣い等）、福祉用具レンタル料、介護保険料、健康保険料、税金、火災保険料等がある。

④ 担当者が立て替えた費用（交通費、各種証明書取寄せの手数料、郵送料等）について、事務局宛てに請求書を提出し（交通費を除き証憑書類添付する）、本人の財産から清算する。

⑤ 小口管理口座にて各種支払い等を行っていれば、当然に残高は減っていくことになる。口座引落し等の際に残高不足となることを避けるため、担当者は残高を確認のうえ、不足となった場合には、他の預貯金口座を管理する者に送金を依頼する。

> **Ｐの場合**
> ペアサポートにおいては、小口管理口座の残高が少なくなったときは担当弁護士に連絡し、担当弁護士が、管理している本人の他行の預貯金通帳より、上記小口管理口座に送金する。

> **Ｓの場合**
> 世田谷成年後見センターにおいては、担当者が通帳を全部保管している。

⑥ 施設入所や入院にあたっては、新しく契約を結ぶ必要がある（契約名義については②参照）。また、施設への入所に際しては、保証金が求められることがあるので、その確保もしておく必要がある（→前掲Ｅ⑦）。身元保証人への対応についても、施設としてあらかじめ方針を検討・決定しておく。すでに入所・入院している場合には、入所・入院にかかる費用の支払いを行う。

⑦ 代表的な年金として、公的年金（国民年金・厚生年金・共済年金）と企業年金がある。年金の受給者あてに、毎年「現況届」または「扶養親族等控除申告書」の提出依頼があり、事務局で回答する（押印・返送）。

※ 年金は本人の小口管理口座に入金してもらうよう手続をする。
退院した際には、それに伴う費用の支払いを行う。
⑧ 年金事務所（共済企業年金含む）からの各種問合せ（現況届、所得状況届、扶養控除親族有無確認届等）に回答する（押印のうえ返送）。

> **コラム　身元保証人**
>
> 　施設への入所や病院への入院の際に、本人の家族が身元保証人となるのが一般的である。家族がいない場合には、施設等は本人の入所等の際に成年後見人等に対して本人の身元保証人となることを求め、成年後見人等がこれに応じない場合には、入所等を拒む事例が見受けられる。
>
> 　しかし、身元保証の内容には、契約上の債務や利用者が発生させた損害に関する連帯保証責任が含まれるのが通常である。これを成年後見人等が負うことは、2つの意味で問題がある。1つめは、成年後見人等が保証人になることは、後見業務の遂行を本人の資産で行うという後見制度の根幹に抵触することである。2つめは、仮に成年後見人等が保証人となって、成年後見人等が債務を弁済したときは、成年後見人等は本人に対して求償権を取得することになるが、この求償権の行使は本人と成年後見人等との間で利益相反行為になることである。
>
> 　したがって、施設等から身元保証人となることを要求されたときは、まずは成年後見人等の法律上の職務範囲を丁寧に説明し、理解を求めることが重要である。どうしても身元保証人となることが必要な場合には、成年後見人等の職務として対応できる範囲内（たとえば、利用者の債務の支払代行事務）に身元保証契約の内容を限定することが必要である。

> ### コラム　利益相反行為
>
> 　たとえば、成年後見人等が成年被後見人等の所有不動産を購入する場合には、成年後見人等が自己の利益を優先させて成年被後見人等に不利益を及ぼすおそれがある。そこで、このように成年後見人等と成年被後見人等との利益が相反する行為については、家庭裁判所において特別代理人が選任され、この特別代理人が成年被後見人等を代理して、当該利益相反行為を行うものとされている（民法860条・826条）。ただし、成年後見監督人等が選任されている場合には、成年後見監督人等が成年被後見人等を代理するので（民法851条4号）、特別代理人は選任されない（民法860条ただし書）。
>
> 　利益相反行為は、成年後見人等と成年被後見人等とが対立当事者となる場合だけでなく、成年後見人等が成年被後見人等を代理して第三者と法律行為をする場合にも起こりうる。たとえば、成年後見人等の債務について、成年被後見人等の所有不動産に抵当権を設定することは利益相反行為となる。また、成年後見人等自身の利益ではなく、成年後見人等が代表する者（成年後見人等を代表者とする会社等）の利益と成年被後見人等の利益とが衝突する場合も利益相反行為となる。

K 特殊な財産管理①──税にかかわる業務

/業務リスト/

- ☑ ① 確定申告の要否に関する資料の収集・検討
- ☑ ② 確定申告準備（原則として税理士に申告を依頼）
- ☑ ③ 税理士に申告必要書類を引き渡す
- ☑ ④ 申告書最終確認、後見人印押印
- ☑ ⑤ 申告書控受領・保管
- ☑ ⑥ 市町村民税申告書提出等（年1回）
- ☑ ⑦ 相続税申告要否検討

● 業務リスト解説 ●

　前年1月1日から12月末日までの間に年金等の収入が一定額を超える場合や賃貸収入等がある場合には、確定申告を行わなければならない。したがって、本人の収入状況を把握し、要否を検討することになる。前年に、不動産（借地権を含む）を売却した場合は翌年3月15日までに譲渡所得税の申告（確定申告）納付を行うこととなる。

① 確定申告が必要かどうかの判断をするために資料（たとえば、源泉徴収票、保険料控除証明書、社会保険料控除証明書、医療関係領収証、家賃入金明細、売買契約関係書類など）を収集する。

②・③ 確定申告の準備を事務局が行う。源泉徴収票や保険料証明書等で入手が未了のものは取り寄せておく。毎年2月16日～3月15日までの間に申告手続をとれるよう、税理士に確定申告の手続を依頼する。必要書類を相談・確認のうえ、事務局においてとりまとめたうえで税理士に引き渡す。

④ 税理士が作成した申告の書面の内容について、最終的に成年後見人等が確認し、法人内決裁を経て、代表理事印を押印し提出する。

⑤ 税理士より「○○税務署」受付の押印ある申告書（控え）を入手し、保

管する（原本は追って返却を受ける）。

　税理士による申告の場合、添付資料原本が返却されるので、事務局にて保管する。

　なお、確定申告対象の本人が亡くなった場合は、死亡後4カ月以内に準確定申告をする必要がある。申告義務者は相続人であるが、時間的制約により、相続人の依頼に基づいて成年後見人等において、税理士に橋渡しすることが考えられる。その場合、関係資料を、相続人の依頼により、税理士に引き渡す。

⑥　1年に1回、行政から市町村民税申告書が送付されてくるので、これに記入し、代表者印を押印のうえ、提出する（なお、確定申告をする場合には、市町村民税の申告書の提出は不要となる）。

⑦　成年被後見人等が基礎控除額を超えて相続した場合は、10カ月以内に相続税の申告を行わなければならない。

〈例〉妻および子2人が相続人として相続財産1億円を相続した場合
　相続税の基礎控除額は3000万円＋600万円×法定相続人の数であるから、本例の場合、3000万円＋600万円×3（人）＝4800万円となる（平成27年1月1日以降に相続した場合）。本例は、相続財産が同基礎控除額を超えるため、相続税の課税対象となる。

🅟の場合
土地や有価証券等の相続税法上の評価については別途評価基準による相続税の申告は担当弁護士に確認のうえ、税理士に手続を依頼する。

L 特殊な財産管理②──留守宅の管理（本人が自宅不動産を所有している場合）

```
／業務リスト／
☑ ① 固定資産税納付
☑ ② 火災保険の付保および更新
☑ ③ 除草・剪定手配、作業への立会い
☑ ④ 鍵の保管
☑ ⑤ ポスト内の郵便物回収、不要物（チラシ、DM等）の廃棄
    （→ コラム ）
☑ ⑥ 補修等工事の手配・立会い・検収
☑ ⑦ 警備会社の要否の検討、契約、施行立会い
☑ ⑧ 境界確認立会い
☑ ⑨ 水道・電気・ガス等の検針に伴う門扉等の解錠・施錠
```

●業務リスト解説●

① 固定資産税納税通知書が必ず成年後見人等に届くよう、行政に納税管理人届出等の手続をする。自動引落しでない場合は、必ず期限までに納付する。

② 建物や家財について、火災保険が付保されているかを確認し、されていない場合には直ちに加入手続をする（→前掲 F ②）。また、更新手続についても毎年行う（事務局にて申込書に調印し、保険料を納付する）。

③ 自宅の除草や植栽の剪定を必要とする場合は、事務局にて複数の業者より見積りをとって、内容・費用などについて検討・決定し、日程等を調整するなどの手配を行う。作業の際は自宅に出向き、門扉の解錠・施錠を行ったうえで、作業に立ち会い、作業後は確認を行う。

④ 事務局にて本人宅の鍵を保管する。

⑤　ポスト内の郵便物を回収し、必要のないもの（チラシ、DM 等）は廃棄する。財産管理・身上監護に必要なものについては持ち帰って対応する。信書については本人に引き渡す。

⑥・⑦　家屋の修繕をする場合や警備装置を設置する場合にも、複数の業者に見積もりをとり、内容・費用などについて検討・決定し、契約を締結する。修繕や警備装置設置の際には、担当者または事務局が立ち会う。

⑧　隣家から境界の確認を求められた場合には、測量士から事前に資料（不動産登記事項証明書、公図、地積測量図、境界石状況図等）を取り寄せて検討のうえ、現地にて立ち会い、確認を行う。境界確認後は必ず先方より、境界確認書を入手し、権利証とあわせて保管する。

> **Ⓟの場合**
> ペアサポートにおいては、立会結果を詳細に報告書にまとめ、担当弁護士の確認を受ける。

> **Ⓢの場合**
> 世田谷区成年後見センターの場合、ケース記録に記入する。

⑨　電気・水道・ガス等のメータが門扉内にある場合は、検針のため、門扉の鍵の解錠や立会いをすることがある。

コラム　成年被後見人等宛ての信書の開封

　正当な理由がないのに、封をしてある信書を開けた者は、1年以下の懲役または20万円以下の罰金に処せられる（刑法133条）。「信書」とは、特定人から特定人に宛てた意思を伝達する文書である。「親展」の文字が記載されているか否かは関係がない。

　成年後見人等といえども、正当な理由がないのに、封をしてある成年

被後見人等宛の信書を開けることは許されない。これは、憲法で保障されている通信の秘密を侵害する重大な違法行為である。したがって、封をしてある成年被後見人等宛ての信書を開ける場合には、当該信書の開封が後見業務の遂行のために真に必要であるか否かを慎重に判断しなければならない。

なお、後見業務で必要となる連絡事項や請求書等の郵便物については、成年後見人等宛てに送付してもらうように、あらかじめ送付先の変更手続をしておけば、そのような問題が生じない。

M 特殊な財産管理③――株式関係業務

／業務リスト／
- ☑ ① 株式や投資信託等の継続・終了についての判断
- ☑ ② 配当金受領
- ☑ ③ 株主優待券の取扱い

●業務リスト解説●

① 本人が保有している権利や投資信託等の金融資産については、原則として現状を維持する。まれに、証券会社等の統合・合併等により継続または終了の判断を迫られる場合がある。このような場合、担当者は、家庭裁判所や金融機関と協議し、決定する。

② 株式等の配当金については、手続の繁雑さ、期限のリスクを避けるため、原則として小口管理口座入金とする。配当金領収書で受領している場合は、口座振込方式に切換え手続を行うことが望ましい。後見の届出をしたうえ、支払期間内に金融機関の窓口に出向き、場合により後見登記事項証明書等を開示のうえで、換金手続を受ける）。

③　株主優待券については、利用が可能な場合は、担当者の指示に基づき、事務局より本人に送付する。利用が難しい場合には、金券ショップにて換金し、小口管理口座に入金する。換金が不可能なものに関しては事務局にて保管する。

Ⓝ 特殊な財産管理④——居住用不動産の処分等

／業務リスト／
- ☑ ①　居住用不動産の処分
- ☑ ②　家庭裁判所への相談

●業務リスト解説●

①　居住用建物またはその敷地の処分（売却、貸与、担保設定等）する場合はあらかじめ家庭裁判所の許可を受ける必要がある（→ コラム ）。本人に与える影響が少なくないため、処分の必要性については慎重に判断する。また、売却価格の相当性を判断するため、複数業者から見積りをとるほか、路線価や固定資産評価額も参考となる。これらの必要性や価格の相当性について、担当者が調査したうえで、法人として検討・決定する。そして、その結果をもとに、担当者が家庭裁判所へ提出する申立書を起案し、法人決裁のうえで提出する。

②　自宅から施設に入居したり、施設を変更したりする場合、高額な入居保証金の支出を伴う場合がある。また、初回の家庭裁判所報告時、財産状況が不明の場合あるいは本人および周囲の協力を得られず、財産調査に時間を要し、期限までに家庭裁判所に目録等の提出が困難な場合がある。

　このように、本人にとって影響の大きい後見事務を行う場合や、後見事務の遂行において困難などが生じた場合には、家庭裁判所と相談したり、必要に応じて上申書を提出しておくことが望ましい。なお、後者について

は、必要に応じ、期間伸長の申立てを行うことも検討する（民法853条1項ただし書）。なお、この対応は例外的な対応であることに留意すべきである。

> **Ⓟの場合**
> ペアサポートにおいては、家庭裁判所との相談は、担当弁護士が行う。

コラム　居住用不動産の処分

　成年被後見人等の居住用不動産を処分する場合には、家庭裁判所の許可が必要である（民法859条の3）。居住用不動産の処分は、成年被後見人等の生活や身上に大きな影響を与えるからである。

　居住用とは、現に居住の用に供し、または供する予定があることである。住民票の有無は関係がない。施設に入所したため、自宅を長期間留守にする場合でも、将来自宅に戻ってくる可能性がある場合は、居住用不動産である。

　許可の対象となる行為は、成年被後見人等の居住用の建物または敷地についての、売却、賃貸、賃貸借の解除、抵当権の設定その他これに準ずる行為（贈与等）である。

　家庭裁判所が処分を許可するのは、処分の具体的な必要性がある場合である。後見実務では、成年被後見人等の療養看護費用や生活費の捻出のためというケースが多い。

第3章　法人後見事務の手続・内容

O　各種資料の取寄せ

┌─／業務リスト／─────────────────────┐
- ☑ ① 戸籍謄本
- ☑ ② 住民票
- ☑ ③ 不動産登記簿謄本（登記事項証明書）
- ☑ ④ 後見登記事項証明書
- ☑ ⑤ 法人登記事項証明書
- ☑ ⑥ 代表者印鑑証明書

●業務リスト解説●

　取得範囲（どの種類をとるか）、取得目的（相続人確認、土地売却等）により専門性のある判断が必要となる。必要に応じ手配する。

　通常、①戸籍謄本や②住民票は、推定相続人の確認や連絡先の把握、医療同意に協力の得られる親族の把握のために必要である。

　自宅の処分に際しては、物件特定のため、③登記事項証明書の取寄せが必要となる。

　また、金融機関等への届出手続等のために、④後見登記事項証明書、⑤法人登記事項証明書、⑥法人の代表者印鑑証明書が必要である。

P　推定相続人の調査

┌─／業務リスト／─────────────────────┐
- ☑ ① 推定相続人の調査

●業務リスト解説●

① 申立書に添付されている戸籍謄本、住民票、親族関係図等を参考に推定

相続人の調査を行う。

　医療同意が必要となる場合や、本人死後の対応においても、あらかじめ親族関係を正確に把握し、必要に応じて協力を得られる態勢を整えておくことが必要である。

Q　家庭裁判所への継続報告

／業務リスト／
- ☑ ①　家庭裁判所への報告対象期間（1年間）における報告書、財産目録、収支状況報告書、報酬付与申立書を作成し、決裁を経たうえで、指定日までに家庭裁判所へ提出する。
- ☑ ②　報酬の受取り

●業務リスト解説●

①　対象期間（1年間）における後見事務について、各書類を担当者が起案し、事務局にて調整する。

　財産目録は、対象期間末日現在で作成する（預貯金通帳、証書、証券写し、取引残高明細ほかを添付する）。

　収支状況報告書は、対象期間内における収支状況および明細について作成する（入出金関係の領収書等の証憑資料を添付する）。

　報酬を請求する場合は、申立書を作成する（報酬付与申立てを行わない場合は不要である）。

　上記の書類につき、担当者の確認を経た後、代表者押印のうえ、事務局より裁判所に提出する。

②　報酬付与審判が確定したときは、報酬額を法人口座に入金する。

第3章　法人後見事務の手続・内容

R　終末期における業務

┌─ 業務リスト ─────────────────────┐
☑　①　親族との連絡
☑　②　死後の事務を見据えた対応
☑　③　看取り介護
└────────────────────────────┘

●業務リスト解説●

①　終末期においては、親族が判断・決定すべき事柄が多いことから、協力が得られている親族がいる場合は、連絡をとっておく。

②　親族がいない場合や、かかわりが稀薄で協力を得られにくいなどの事情がある場合、成年後見人等がやむなく、葬儀など、本来は行う義務のない事務を行わざるを得ないことがある（これを「死後の事務」という）。本人が亡くなると、後見人として本人の名義の口座について金融機関との取引をすることはできなくなるため、死後事務に対応できるようあらかじめ、本人の預貯金口座よりある程度現金を払い出し、手持現金を確保しておくことも考える。金額としては病院費用の清算や通常の葬儀費用等を勘案する。これについては、必要に応じ、家庭裁判所に報告し、了解を得ておく。

　本人に資産がない場合は、葬祭扶助等で対応することも考え、あらかじめ行政と相談しておく。

③　看取り介護に関しては、本人または家族の同意が必要であるが、施設から、成年後見人に同意を求められることがある。しかし、看取り介護への同意は医療行為への同意と同じ意味をもつものであるといえることから、あらかじめ法人としての対応を検討・決定しておき、その方針に従うことになる。

2 法人後見の事務と手続

Ⓢ 本人が亡くなったら

/業務リスト/

- ☑ ① 関係者への連絡
- ☑ ② 入院等費用の清算
- ☑ ③ 死亡診断書の手配
- ☑ ④ 年金停止等、行政窓口等への連絡
- ☑ ⑤ 死後の事務への対応

●業務リスト解説●

① 本人が亡くなったら、親族、家庭裁判所、関係する支援者などへ連絡する。親族については、このとき、葬儀等へのかかわりについても確認しておくとよい。

② 本人が入院していた場合は、病院からの請求に基づき管理財産より入院費の清算を行う。ただし、親族（法定相続人）がいる場合には、その確認をとっておいたほうがよい。

③ 親族がいない場合は、担当医師に死亡診断書の手配をする。1通は行政への届出のために、もう1通は公正証書遺言の有無を検索するために用いる（→後掲 Ⓣ①）。

　なお、死亡届の提出は、基本的には親族が行うが、平成19年の戸籍法改正により、成年後見人等による届出が可能となっている。

④ 行政に本人死亡の通知を行う。年金を受給していた場合は、年金事務所宛てに速やかに連絡する。年金の過払いが発生するようであれば、返還の手続を行うことになるので、確認しておく（次頁の例を参照）。

> （※）年金は経過月分後払い（偶数月15日払い）。死亡月は1カ
>   月分支給される
>   （例）：7月10日死亡……6～7月分→8月15日振込入金
>   ：8月10日死亡……8月分→未支給年金……請求は別
>   途権限者より手続を行う。万が一
>   入金されたら返還手続を行う。

⑤ いわゆる死後の事務といわれる葬儀や遺体の引取り、居住空間の明渡しなどといったものについては、法人としてあらかじめ対応方法を検討・決定しておき、その方針に従って担当者が対応することになる。

T 相続関係

──／業務リスト／──
- ☑ ① 遺言書の確認（自筆証書遺言、公正証書遺言の有無の確認）
- ☑ ② 法定相続人への連絡

●業務リスト解説●

① 遺言書の確認
  ⓐ 自筆証書遺言については、担当者が自宅を探索するか、または、親族に確認する。自筆証書遺言がある場合は、家庭裁判所の検認を受ける。
  ⓑ 公正証書遺言については、公証役場で検索を申請する。公正証書遺言があることがわかった場合、遺言書を親族に取り寄せてもらい、コピーを受領する（受遺者、遺言執行者の確認）。
  ⓒ 遺言書がない場合は、原則として財産は法定相続人に引き渡すことになる。
② 本人が亡くなったことについて相続人へ連絡する（前掲Ｓ①も参照）。

U　家庭裁判所への最終報告書の作成・提出

/業務リスト/

- ☑ ① 預貯金通帳等の記帳
- ☑ ② 立替金等の清算
- ☑ ③ 最終報告用資料準備、担当者の意見の収集・とりまとめ
- ☑ ④ 最終報告書・財産目録・収支状況報告書・報酬付与申立書の作成
- ☑ ⑤ ④の各書類に記名・押印のうえ家庭裁判所へ提出
- ☑ ⑥ 報酬の受領
- ☑ ⑦ 後見終了の登記の申請

●業務リスト解説●

① 収支を最終的に確認するために、通帳記入を行う。

> **Pの場合**
> ペアサポートにおいては、小口管理口座は事務局、それ以外の口座は担当弁護士が行う。

② 担当者が立て替えていた後見事務費用の未清算分について、清算手続を行う。事務局において立て替えた分も同様に清算する。

③ 対象報告期間（前回報告以降死亡日まで）における報告書の作成に向け、資料を整備する。あわせて、各担当者において、対象期間における後見事務の報告書を起案し、事務局がとりまとめる。

④ 前掲Qに準じ最終報告書類を作成する。後見終了後2カ月以内に作成・提出しなければならない（民法870条）。

⑤ 上記④書類について、担当者が最終確認をした後、代表者印を記名・押印のうえ家庭裁判所に提出する。

⑥　報酬付与決定の審判を受領した後、相続人に請求することになる。報酬については、原則は相続人への財産引渡しの際に受領することになる（→後掲Ⅴ③）が、相続人に確認のうえ確保しておいた手持ちの現金（→前掲R②）の中から法人に入金することも考えられる。

⑦　死亡診断書（コピー）を添付のうえ、東京法務局に、終了の登記の申請書を提出する。

Ⅴ　相続人への財産の引渡し、終了

　／業務リスト／
- ☑　①　相続人への連絡
- ☑　②　相続人への財産や関係書類の引渡し（→ コラム ）
- ☑　③　報酬の受取り
- ☑　④　相続財産管理人選任等の申立て

●業務リスト解説●

①　担当者が相続人に連絡をとり、財産等の引渡しを行う旨を伝え、引渡日時を指定する。

　相続人の全員が、当日出席できない場合には、欠席者については出席者に権限を委任する旨の委任状を取り付ける。

②　相続人には、財産はもちろん、関係書類についても、基本的にはできるだけ相続人に渡すことが望ましい。ただし、書類については、実務上は、あらかじめ事務局にて、相続人に引き渡す書類等（後見の計算書、直近の財産目録・収支状況報告書等、預貯金通帳、有価証券、印鑑等）とその他の書類に区分けする。（法人で保管する書類その他としては、各種連絡文書、サービス給付申請書、後見届出手続関係書類等を除く諸々の書類で、受渡しの要否は相続人の選択に委ねている）。引渡しが終了した後は、受

領書に署名・捺印してもらう。なお、以後の管理の便宜上、受領書の文中に「その他の資料については法人にて処分してもかまいません」という旨の文言を入れておくことが望ましい。

③　相続人に財産を引き渡す際、家庭裁判所の決定した報酬額を法人口座に入金してもらうように依頼する。

④　遺言もなく、相続人もいない場合は、成年後見人等が利害関係人として相続財産管理人の選任を家庭裁判所に申し立て、選任審判を受けた後、相続財産管理人に本人の財産等を引き渡す。

　相続人にて準確定申告や、譲渡所得の申告をする必要がある場合は、税理士の紹介をすることもある。この場合、必要資料を当該税理士に引き渡す。

> **コラム　相続人への財産引渡し**
>
> 　葬儀を行った相続人が早期の財産引渡しを求めてくる例がある。
>
> 　あらかじめ相続人が把握できている場合は、家庭裁判所に最終報告書の提出・報酬付与の審判を受けた後、トラブルを避けるために後見終了後2カ月（民法870条）といわず、速やかに財産を引き継ぐことも必要である。
>
> 　相続人全員に確認がとれない場合は口座の凍結を行ってから渡すとよい。

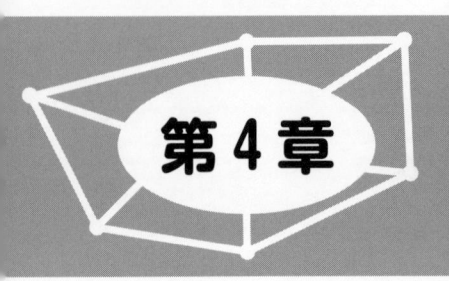

第4章 事例からみる法人後見業務の流れと注意点

　ここでは、弁護士と社会福祉士により運営されている一般社団法人成年後見センター・ペアサポート（以下、「ペアサポート」という）と、世田谷区社会福祉協議会成年後見センター（以下、「社会福祉協議会」という）による法人後見実務について、事例をとおして報告する。なお、事例1～4はすべて複数の実例を参考に、実務内容を大きく変えない程度に創作したものである。

事例1　視覚障害のある在宅高齢者事案　〈ペアサポート〉

事案の概要

【本人】Aさん（70歳代）

【健康状態】飲酒による糖尿病網膜症による視覚障害があり、光覚弁程度まで視力低下。

【生活場所】自宅（健康管理を目的に介護老人保健施設を利用）。

【親族等】付き合いのある親族はいない。

【問題点】本人宅に友人たちが終始出入りし、毎日のように宴会が繰り広げられていることと、付き合いのある親族もいないようで今後のことを考えると成年後見制度が必要であること。

1　本人の状況

　事例1は、市町村社会福祉協議会が運営する居宅介護支援事業所から依頼があったものである。

　ペアサポートに成年後見人等候補者の依頼がある場合には、まず事務局に連絡が入る。事務局員が、おおまかな依頼内容を確認したうえで、弁護士と社会福祉士それぞれの窓口となっている理事に対して報告をする。それを受けて、弁護士・社会福祉士の理事から、それぞれの視点で、ペアサポートが候補者になりうるかを検討し、事務局に伝える。これまで受任に関して弁護士と社会福祉士の意見が異なったことはないが、そのような場合には代表理事が決定することになる。本人の居住地が遠方であるなど担当できる弁護士や社会福祉士がいない場合や、個人後見で対応できると判断した場合には、依頼先に候補者の再検討を求めることもある。

　課題が多い事案や事務局が収集した情報だけでは判断することが難しい場合には、担当理事が代表理事とともに検討したり、窓口となる理事から依頼先に直接連絡をとり状況を確認する場合もある。

　Aさん宅を来訪する友人の態度やAさん自身の自己管理の具合を考えると、セルフネグレクトや何らかの虐待も疑われたが、行政は虐待の有無を判断するに至らず、本人申立てにより成年後見制度を利用したいとのことであった。Aさんには自宅を含め一定の財産があるようであるため、また、視覚障害が生じた頃より軽い認知症の症状がみられ、さらに、気難しい点もあり、福祉にも精通している成年後見人等が必要と思われた。ただし、視覚障害があることなどから、Aさん自身が申立書類を作成することは困難であり、社会福祉協議会にかかわっている弁護士が申立てを代理することになっているということであった。すでに、申立てのための診断書は用意されており、それによると補助相当であるという。

　以上の情報は最初に依頼をしてきたケアマネジャーからもたらされた情報

である。このように、ペアサポートに依頼がある場合は、すでに関係機関で検討され、一定の情報がもたらされる場合も多い。

2　審判前の事務

　ペアサポートでは、補助人・保佐人候補者の依頼の場合は、事前に窓口担当の理事か担当予定の理事が本人と面接し、審判前に、本人の判断能力や成年後見制度利用の意思を確認することになっている。本人との面接の調整は事案によって異なる。事務局から関係機関に依頼すればよい場合もあり、窓口担当理事が聞いてから依頼をする場合もある。

　本事例でも、照会をしてきたケアマネジャーとともに、Aさんが生活する施設へ、窓口担当理事と担当予定の弁護士・社会福祉士が出向き、Aさんと面会した。Aさんには、ケアマネジャーからの紹介と名乗り、成年後見制度を利用することになれば、ペアサポートがAさんの金銭管理をしていくこと、このまま施設での生活を継続していくことでよいのか等の意思を確認した。ややパターン的に返事をしているとも感じられたが、施設での生活を楽しめている様子や、お金に執着しないことで自宅が友人たちのたまり場になっていたものの、その状態をAさんが望んでいたわけではない様子がうかがわれた。

　Aさんとの面接の後、ペアサポートが補助人候補者になることを了承する旨をケアマネジャーに伝えた。

3　審判手続への対応

　申立ての代理を行う弁護士から事務局に連絡が入り、申立書に添付する法人の履歴事項全部証明書の提出が求められるとともに、成年後見人等候補者照会書作成のため法人の概要について問合せがあった。ペアサポートでは、すでに同じ管轄の家庭裁判所での案件を受任していたが、あらためて成年後見人等候補者についての書類の提出を求められたようである。個人後見の場

合、成年後見人等候補者照会書の提出を家庭裁判所から求められることは多いが、法人の履歴事項全部証明書を求められるのは法人後見ゆえのことであろう。

必要な書類を提出してから1週間後に、家庭裁判所の本人面接が行われるとの連絡が入り、Aさんと代理人弁護士、付き添いの施設職員が、タクシーで、施設から家庭裁判所に行くことになった。同じ日に、Aさんを担当することが予定されている弁護士と社会福祉士も家庭裁判所による成年後見人等候補者面接を受けることになった。候補者面接については、実施されないこともあるが、Aさんの場合は補助の申立てであることもあって行われたものであろう。補助人候補者を目の前にして、同意権や代理権付与についてのAさんの意思がていねいに確認された。

4 審判確定直後の事務

Aさんが利用している施設は緊急対応のためのものであり、そう遠くない時期に、Aさんの意思を尊重して生活の場所を決めていく必要があった。

ただし、早急に財産の保全・管理をする必要はなかったことから、審判書と審判確定書によって補助事務を開始することはせず、登記がされるのを待って登記事項証明書を取得し、金融機関等への届出等を行った。なお、ペアサポートでは、登記事項証明書を事務局が取得すると、その登記事項証明書および謄写記録のコピーが担当者に送付される。

(1) 登記事項証明書の取得

登記事項証明書を取得するとき、法人後見では、個人後見よりもやや多めの事務処理が必要となる場合がある。まず、申請者は法人代表となる。申請者である法人代表が法務局窓口に出向くときは、個人後見と同様に申請者本人が確認できる免許証などの提示が認められる。法人の事務局員が出向くときには、①申請人である代表理事の事務局員に対する委任状、②法人の履歴事項全部証明書の原本および謄本（コピー）を持参する。また、窓口で、申

請代理人となる事務局員の身分を確認するための運転免許証や健康保険証の提示が求められる。

　郵送してもらう場合も、手続は同様であるが、謄本（コピー）の下部に「原本の写しに相違ない」と記入したうえで申請人の記名・押印をし、提出する。送付した履歴事項全部証明書の原本は、切手の貼ってある返信用封筒を同封すれば返却される。また、申請者である代表理事の本人確認のため、代表理事の運転免許証や健康保険証などのコピーの提出も必要である。

(2)　金融機関への届出

　金融機関への成年後見人等としての届出の必要性は、個人後見と同様である。個人後見でもそうであるが、法人後見の場合も取扱いは金融機関によって若干異なっている。届出にあたっては、後見登記事項証明書のほかに、法人の履歴事項全部証明書の提示を求めるところが多い。また、法人の印鑑登録書の提示と実印による押印を求められる場合がある。法人の履歴事項全部証明書に氏名が掲載されている役員が窓口に行く場合は、その者の本人確認ができる運転免許証などの提示で済む場合が多いが、事務局員や履歴事項全部証明書に氏名が掲載されていない担当の弁護士や社会福祉士が窓口に行く場合には、運転免許証などの本人確認書類に加え、その者に対する代表理事による委任状を求められることがある。

(3)　小口管理財産

　ペアサポートでは、本人の預貯金通帳は担当弁護士が保管することとしているが、その他に、小口管理口座として「〇〇〇〇（成年被後見人等の名前）成年後見人　一般社団法人ペアサポート」名義の口座を事務局近くの金融機関で作成する。そのうえで、施設利用料など日常生活費や頻繁に支出が必要なものは、その小口管理口座で事務局が出金を管理している。そして、その口座の残高が少なくなると、事務局が担当弁護士に連絡し、連絡を受けた担当弁護士が、自身で管理する本人の口座から、小口管理口座に送金する。

　Aさんの場合は「A補助人　一般社団法人　ペアサポート」の通帳を作

成した。そして、その小口管理口座から施設利用料を支払い、小遣いなど日常生活費は担当社会福祉士が事務局から預かって持参し、緊急の場合は事務局から施設に現金書留などの方法で送付している。

5 初期段階の後見事務

Aさんとともに、担当の弁護士と社会福祉士が自宅に行き、通帳など財産管理に関係する書類を預かり、担当弁護士が財産目録を作成し、家庭裁判所への初回報告を行った。

その後、後見事務を開始した。各担当者が法人の印鑑を所持しているわけではないため、法人押印が必要な書類は、事務局で管理する法人印（実印ではない）を用いて作成し、実印が必要な書類は実印を管理する代表理事のもとに事務局員が出向き、書類を作成している。

(1) 本人宛ての郵便物

本人宛ての郵便物が施設に届くように、事務局から郵便局に転送届を提出した。

一方で、介護保険に関係する書類はペアサポート事務局に届くよう、事務局が行政に必要書類を提出した。

行政の介護保険担当課からは、登記事項証明書の写しの提出を求められたため、事務局から行政に郵送した。また、年金事務所に補助開始の届出のための書類を提出した（年金額改定通知書等の通知を事務局で受け取るためである）。なお、書類の作成にあたっては、本人に説明し、可能であれば、本人に記入・押印を依頼するが、難しい場合は、本人の目の前で、担当社会福祉士が作成を代行し、本人の了解を得ることを原則としている。

Aさんに届いた手紙は、担当社会福祉士が施設を訪問する際に、Aさんとともに開封し、視覚障害のあるAさんのために読み上げることとした。

郵便物については、数カ月に1回、担当社会福祉士または事務局員がAさんの自宅に訪れ、たまったメール便などを取り出し、担当社会福祉士が面

会のため施設を訪問するときにAさんと確認しながら処理している。

(2) Aさんの自宅の管理

Aさんは、十分な資産・収入を有していることから、緊急に自宅を売却する必要はない。そこで自宅の管理のために、警備会社と契約を結ぶこととした。

ペアサポートが受任している他の事案でも、誰も居住しなくなった自宅を管理している事例がある。資産や収入が十分にあり、不動産の処分をする必要がない場合には、事務局員による見回りを頻繁に行うことは困難なことから、警備会社に建物の管理を依頼する場合が多い。しかし、警備会社のセキュリティ管理だけでは十分ではなく、建物の老朽化や郵便物の確認、ゴミの投げ捨てへの対応、庭の雑草の処理等のために、近所との関係を考慮しながら、数カ月に１回程度は事務局員が成年被後見人名義の空家となった自宅を訪問している。建物の維持のための作業は、基本的には業者に依頼することが多いが、訪問時に問題があったり、近所からの苦情があった場合には、訪問した事務局員が対応することもある。建物の管理に伴う負担は、後見活動の中でも小さくないものである。

Aさんの自宅については、後述するが比較的早目に処分することとなったため、長期に及ぶ自宅管理は必要なくなった。

6　非定例的な事務

財産目録の作成のため、Aさんとともに担当の弁護士と社会福祉士が自宅を訪れた際、行政からの書類を発見した。それによりAさんの自宅敷地およびその周辺が都市開発の対象となっており、しかも道路拡張計画により売却を求められていることがわかった。Aさんにその内容を確認したが、Aさんは細かい文字を読むことができず、以前に関係者の来訪を受けたことがあるという記憶がある程度であった。

対応について、Aさんの希望を確認すると、Aさんも自宅を空家のまま

にしておくことに不安をもっているものの、だからといって自宅に戻りたいとは思っていないということだったため、自宅の売却手続を進めることとなった。土地評価額相当での売却を目的に、担当弁護士から家庭裁判所に居住用不動産処分の許可審判の申立てをしたところ、早々に許可の審判がなされた。

そこで、売却に向けて、Ａさんの思い出の品を整理するために、担当社会福祉士がＡさんに同行し、アルバムや映画のパンフレット、お気に入りのＣＤなどを施設に持ち帰った。その後、業者に依頼し、残った荷物の処分を行った。残置荷物の処分のために業者が入るときには事務局が立ち会った。Ａさん自身が納得したうえでの自宅の売却であり、しかも、お気に入りの品を身近に置けたことで、自宅売却後も、Ａさんは穏やかに過ごしている。

7　身上監護

性格なのか、視覚障害という中途障害が影響したのかはっきりしないが、ケアマネジャーが言っていたとおり、気難しさをみせたＡさんは、当初、何度も担当社会福祉士の交代を施設職員に要求し、そのたびに施設から事務局に電話が入った。Ａさんは、社会福祉士が訪問するときには穏やかに話すものの、帰った後は、その社会福祉士の悪口を施設職員に言い続けるようである。法人後見の場合、事情に応じて担当の変更が容易にできると思われがちである。しかし、個人後見であっても、法人後見であっても、後見活動は成年後見人等と成年被後見人等との個人の関係性の中で成り立つものである。お互いに理解していくためには、時間が必要であり、成年後見人等には対人面接の技術も求められる。後見活動が「顔の見える」かかわりを必要とするのならば、法人後見であっても安易に担当が変わることは望ましくないといえる。もっとも、何らかの事情がある場合の成年後見人等の交代が、個人後見では家庭裁判所の審判によらなければならないが、法人後見では法人内の担当者の変更により可能となる。これは法人後見ならではの特徴である。

しかしこれは、必ずしも法人後見の長所とばかりいえるものではなく、場合によっては、その安易さが成年後見人等や家族との関係の構築を妨げる可能性があることに注意が必要である。

　Ａさんの場合、担当社会福祉士に対する苦情が当初みられたが、毎月の訪問面接を続けていくうちに、半年もすると苦情はほとんどなくなり、むしろＡさんからさまざまな希望が語られるようになった。

　Ａさんの希望とは、自宅に戻りたいという要求ではなく、自宅にあったコレクションを施設に運び込みたい、あるいは外出したいというものであった。Ａさんの気難しさを考慮し、事実行為であるものの、社会福祉士はＡさんと行動をともにすることを心がけた。しかし、法人内の他の社会福祉士の協力を求めるにしても、補助人としての活動だけではＡさんに十分な支援を提供できないと考え、施設の相談員と協力しながら、自費によるサービスの調整を行うこととした。

8　家庭裁判所への継続報告

　家庭裁判所へは１年に１回、後見事務報告および報酬付与の審判申立てを行った。報告書は法人として提出しているため、書類提出者は代表理事の名前である。報告書のうち、財産目録は担当弁護士の指示により事務局が作成する。後見事務等報告書は、それまでに担当弁護士と担当社会福祉士から提出あるいは連絡を受けた後見事務の内容をもとに事務局が作成し、それを担当弁護士・社会福祉士が（必要に応じて代表理事も）確認した後に、家庭裁判所に提出している。

9　法人後見のメリット

　Ａさんについての補助事務は終了していない。今後は、Ａさんの加齢や判断能力の状況をみながら類型変更を検討することも必要になるかもしれない。現在のところ、補助人としてＡさんの生活を支援していくうえで、同

意権と代理権範囲について特に問題はない。

　この事案は、個人後見で対応できたとも考えられる。しかし、結果的にAさんの意思に基づくことが確認できたため問題にはならなかったが、視覚障害が生じたAさんに対する友人たちの金銭搾取の疑いがあり、また、判断能力は一定程度維持しながらも、糖尿病や視覚障害に対する配慮が必要であったという点で、法人後見によって弁護士と社会福祉士がタッグを組み対応できたことは、Aさんにとって意味があったと思われる。一定の資産や収入が確保できているAさんの今後の生活は担当社会福祉士が中心となって支えていくことが多くなるが、担当が疑問や不安を感じたときに、後見活動の一環として法人内で他の弁護士や社会福祉士とともに対応を検討できることは、心強いといえる。

　財産管理や司法的な手続を弁護士、身上監護を社会福祉士と事務分掌したうえでの複数後見も、法人後見の特徴といえる。また、法人内のやりとりとなることから、複数の担当専門職により、成年被後見人等の個人情報の取扱いに大きな配慮をすることなく、定期的に後見活動をチェックし事例検討を行うことができる点は、専門職による法人後見の大きな利点となっている。

事例2　養介護者による虐待が疑われた高齢者の事案〈ペアサポート〉

事案の概要
【本人】Ｂさん（80歳代）
【健康状態】栄養状態は問題ないが、記憶障害が顕著。
【生活場所】介護保健施設。
【親族等】養子と名乗る50歳代の男性がいる。
【問題点】養介護者による虐待が疑われること。

1　本人の状況

　介護老人保健施設に入所中の80歳代のＢさんの成年後見人受任の可能性について、ペアサポートに、裁判所書記官から問合せの連絡があった。

　Ｂさんには、実子はなく、妻と2人で雑貨屋を営みながら暮らしていた。5年前に妻が亡くなってからも、暮らしに変化はなく、店を開いていることもあり、近所との付き合いもあった。しかし、今年に入り、店が閉まったままの状態が続き、心配した近所の人が訪れると、養子と名乗る50歳代と思われる男性が現れ、「父は少し体調を崩して伏せっている」と話した。養子と名乗る同居者がいることで近所の人たちは安心したものの、1カ月たってもＢさんの姿を見かけることがなかった。そこで、近所の人が心配し、民生委員、地域包括支援センターに相談し、地域包括支援センターの社会福祉士が訪問することになった。

　地域包括支援センターの社会福祉士が訪問したところ、養子が現れたが、疲れた様子を見せ、また、部屋から異臭が漂っていた。養子にＢさんの様子を尋ねながら、きっかけを見つけ、何とかＢさんに会わせてもらうことができた。

Bさんは、皮膚は乾燥し、無精ひげが伸び、痩せており、話をすることもままならないようであった。そこで、社会福祉士が付き添うからと通院をすすめ、病院を受診したところ、脱水症状にあるとの診断を受け、そのまま入院し、そして、介護老人保健施設の利用になった。施設入所の際には、近所の情報をもとに、近くに住む姪に社会福祉士が連絡をとり、姪が支援をして施設入所の申込みを行った。

　その後、Bさんには福祉関係者がかかわり始めたが、在宅時における養子による虐待の疑いも出てきた。そこで、成年後見制度の利用に向け首長申立ても検討されたが、姪による後見開始の審判申立てが行われた。なお、戸籍上では3カ月ほど前に養子縁組がなされていたが、姪は、その事実も養子と名乗る男性も知らなかった。

　姪による申立書では、成年後見人候補者の欄が空欄であった。申立書の内容や関係者から事情を聞いた結果、家庭裁判所が事情を考慮し、弁護士と社会福祉士による対応が可能なペアサポートに打診があったようである。

2　審判前の事務

　家庭裁判所からの問合せにより手続が進んだためか、法人の登記事項証明書の提出を求められることはなかった。一般に、法人後見を受任するときには、事例1のように、法人の履歴事項全部証明書と成年後見人等候補者照会書の提出を求められる。その場合は事務局が提出している。

3　審判手続への対応

　審判手続において、成年後見人等候補者の家庭裁判所調査官面接を要請されることがある。特に最近は、専門職後見人であっても面接が実施される傾向がある。そのような場合には、代表理事あるいは理事の1人が、申立人とともに（場合によっては本人も）、家庭裁判所に出向くようにしている。事例1のように身上監護に関する課題がある場合には社会福祉士も同行すること

73

があるが、ペアサポートに依頼がある事案には財産管理等に課題がある場合が多いため弁護士が家庭裁判所に出向く場合が多い。事例2では、担当予定の弁護士が家庭裁判所の面接に臨んだ。

4　審判確定直後の事務

　本事例は、経済的虐待が疑われたこともあり、審判が確定した段階で、審判書と確定証明書、そして代表理事が発行する委任状を持って、事務局員が近隣の金融機関を訪問した。すでに通帳がつくられていることがわかっている金融機関には口座の凍結を依頼し、また、確認できていない金融機関にも口座の有無の確認を行った。

　金融機関の取扱いはバラバラであった。個人後見の場合は、成年後見人等個人の印鑑登録書と実印、運転免許証などの個人を証明するもので手続は進められる。一方、今回、多くの金融機関では、法人の登記事項証明書に記載されている理事による対応を求められ、その理事個人を証明できる書類の確認を求められた。さらに、代表理事の委任状を求める金融機関もあった。また、理事ではない弁護士や社会福祉士、あるいは事務局員が代表理事の委任状を持って金融機関を訪れても、スムーズに対応できない金融機関があった。法人後見についての金融機関による取扱いの差異は大きいようである。

　届出を行った後は、代表理事の委任状をもった事務局員の取引も可能となった。法人に対して代理人カードを発行する金融機関もあるので、法人が成年被後見人等の名義で小口管理口座などを開設する場合には、事務局に近い等の利便性のほかに、金融機関の取扱いを知っておいたほうが、その後の事務局による対応がスムーズになる。

　また、財産管理と並行して、担当社会福祉士が本人や施設職員との面接を行い、後見事務の方針を検討していった。おおまかな見立てができた時点で担当弁護士と相談し、対応困難事案については理事会で検討し、後見方針を決定する。その段階で、事案に応じて担当弁護士・担当社会福祉士・事務局

の役割を決め、家庭裁判所に提出する初回報告に向けての財産目録作成を始めることになる。

事例1と同様に、初回報告のための書類は財産管理に関するものが多いため、担当弁護士の指示により事務局が作成し、財産目録については弁護士が、後見活動の方針については弁護士と社会福祉士が分担して作成した。

5 初期段階の事務

後見登記事項証明書を事務局が取得し、そのコピーを持って担当社会福祉士が施設および福祉の関係者によるケア会議に参加し、身上監護を中心とした支援方針を決めていくこととなった。

なお、契約書や重要事項説明書などを取り交わす際、契約当事者欄に相手方施設運営法人の理事長名が記載されているときは、「○○成年後見人」として法人および代表理事名を記載し法人印を押すことになるが、個別支援計画書やリハビリ計画書など定期的に実施されるサービス検討者会議等に出席して説明を聞いたうえでサインする場合には、法人ではなく、説明を聞いた担当者がその場で対応することが多い。Bさんの場合もそのような方法がとられた。

Bさんの介護老人保健施設の利用は、行政による措置ではなかったものの緊急対応的な意味合いが強く、成年後見人が選任されたことを受けて、次の生活施設を探すことが施設から求められた。しかし、養子との関係が不明であることから、それが明らかになるまで現在の施設利用を継続することとなった。

6 身上監護

(1) 施設利用に至るまで

Bさんは、ペアサポートが成年後見人に選任された時点で介護老人保健施設に入所していたこともあり、生活は安定し、栄養状態は改善されていた。

記憶障害が顕著で、当初は担当社会福祉士が訪問してもキョトンとすることも多かったが、数カ月を経過すると、「見覚えがある」程度には担当者を認識していった。ただし、訪問当初から、「私には子どもがおらず、○○に騙されたから」との発言があった。また、在宅時にはバナナしか食べさせてもらえなかった、家には帰りたくない、この施設での生活のほうが楽しい、などといった発言もあった。

　その後、長期の生活施設の利用を前提に、Bさんの意思を確認しながら、利用できる有料老人ホームを選択することにした。その中で、Bさんの自宅のある市内で、姪が緊急時に対応できるような距離にあり、買い物が好きなBさんの希望を叶えられるような大型スーパーの近くにある有料老人ホームを選び、利用に向けて進め、見学を経て契約に至った。利用契約を結ぶ際の署名と押印は法人の代表理事名で行うことになるが、契約を結ぶ前には、契約書や重要事項説明書の内容に問題がないか、あらかじめ担当の弁護士と社会福祉士がそれぞれの専門的視点でチェックすることになっている。

　なお、ペアサポートでは、自宅で生活する高齢者の後見等を受任することは皆無ではないが、基本的には施設を利用している高齢者の成年後見人等あるいは任意後見人を受任している。それは、比較的緊急対応が可能な事務局員は弁護士でも社会福祉士でもないこと、担当弁護士・社会福祉士は緊急的な対応が困難な場合があり、自宅で生じる緊急事態に即応できない可能性があるためである。施設入所の場合、緊急対応は、施設職員など日々高齢者に接している専門職員に依頼することとし、成年後見人等の役割は必要なときに適切な判断を下すことだと考えている。そうであるからこそ、ペアサポートでは、成年被後見人等の意見や意向を尊重するのはもちろんだが、日々本人のケアにかかわっている施設職員の意見や意向をも確認し、参考にすべきだと考えている。

(2) 施設利用中の後見事務

　サービス担当者会議やケア会議等には担当社会福祉士が参加し、支援計画

やリハビリ計画の説明を受けて十分に検討したうえで同意している。この点は個人後見と同様であるが、身体拘束の同意者や個人情報の取扱いに関する同意書など成年被後見人の権利に直接関係する内容については、弁護士と社会福祉士による法人後見であることからも、包括的に同意することなく、個別の場合についてその内容を詳細に検討し、疑義があるときには理事会や法人内の事例検討会に提議したうえで対応を決定している。

(3) 緊急時の対応

ペアサポートでは、基本的には担当となった弁護士と社会福祉士がペアとなって相互に意見交換をしながら後見事務を進めている。そして、担当からの指示の下、事務局員が使者として、場合によっては代表理事の委任により、後見活動をサポートしている。ただし、この三者だけの関係でまかないきれない場合の対応も、法人後見では可能である。

ある日の早朝、Bさんが、急な血圧の低下で施設から病院に救急搬送された。成年後見人には医療同意権がないため、手術などに備え、施設に依頼して姪にも連絡を入れてもらった。施設からの緊急連絡先としてはペアサポート事務局と担当社会福祉士とすることが多い。今回は早朝であったこともあって、担当社会福祉士に連絡が入ったが、担当社会福祉士も担当弁護士も急な対応が困難であった。Bさんはそのまま入院となり、遅れて来院する姪に担当社会福祉士から連絡を入れ、身元保証人などの引き受けを依頼した。ペアサポートは、入院契約や入院にかかる費用の支払いなどを行った。また、リハビリ計画書へのサインは担当社会福祉士が行った。

ちなみに、身元保証人について、記入欄は2カ所あり、第一保証人欄には姪が記入した。第二保証人欄については、「身元保証人」という語を訂正し「成年後見人」とすることであれば法人としてサインできることを病院に伝えたが、結局、記入は求められなかった。緊急連絡先には、姪、ペアサポート、担当社会福祉士の順で記入した。法人後見であるが、緊急時には何らかの判断が求められることがあり、事務局対応が困難な場合もあることから、

社会福祉士の携帯電話番号も記入することにしている。弁護士の判断が必要な場合は、担当社会福祉士あるいは事務局から連絡を入れることが多い。10万円の入院保証金は事務局員が持参した。また、病院の医師やケースワーカーから入院にあたっての説明を受ける必要が生じたが、担当社会福祉士・弁護士は当日の対応が困難であった。そのため、ペアサポートに所属する他の社会福祉士が担当に代わって説明を受けた。これまでの経過からＢさんのことを知る担当がその場にいることが望ましいが、緊急時については担当だけでは対応できないことがある。そのようなとき、担当ではないものの、担当と同等の権限をもつ専門職が対応できることで後見事務を滞りなく進められることも、法人後見の利点の1つである。

7　非定例的な事務

(1)　養子縁組取消訴訟

事例2では、Ｂさんの自宅に住み続ける養子への対応が焦点となった。法人内で検討を重ね、①Ｂさんから自宅に戻りたいという希望がみられず、むしろ施設で他の利用者とレクリエーションなどを楽しめている点で、今後は有料老人ホームの利用に向けて進める、②Ｂさんが養子縁組を理解していないこと、また、前記のように同居人（おそらく養子を指していると思われる）に対する否定的発言があったことから、養子縁組無効確認訴訟を進めることとし、そのために、在宅時の様子を、地域包括支援センターや姪などから聞き取る、といった後見活動の方針を立てた。

その後、Ｂさんとペアサポートを原告とした養子縁組無効確認の訴訟を提起した（これについては、無効を確認する判決が出され、確定した）。訴訟代理人弁護士は、法人の理事ではない、ペアサポートに所属する弁護士を選任した。なお、訴訟代理人としての弁護士の報酬は、後見活動とは別に設定すべきであったが、この事案に関しては、弁護士としての訴訟代理活動もあわせて報酬が決定された。

(2) 養子の行った住宅改修

　Bさんが緊急に介護老人保健施設に入所した直後、養子がBさん宅の住宅改修を行った。住宅改修を行った業者から、住宅の所有者であるBさんに改修費用の請求があったことで判明したのだが、住宅の状態については、ペアサポートも姪も把握していない。Bさんが契約を結んだわけでないことは明らかであり、また、当時は養子縁組について訴訟の最中であったことから、支払いはしなかった。その後は業者からの連絡はなかった。

8　家庭裁判所への継続報告

　事例1と同様に、家庭裁判所に対し、1年に1回、後見事務報告および報酬付与の申立てを行った。

9　終了時の事務

　病院から、Bさんの意識がなくなり危険な状態であるとの電話連絡が姪と社会福祉士に入った。

　成年被後見人等が亡くなった時点で原則的には金融機関の口座からの出入金はできなくなるものの、一方で死後の事務として一定の金銭のやりとりが必要となる。そこで、担当社会福祉士の連絡を受けた弁護士の指示により、事務局が、万が一の場合に死後の事務に必要になると思われる額の現金を引き出し、法人の金庫で保管することとした。

　その後、容態が急変したとの連絡が未明にあった。姪も担当社会福祉士も早朝に病院に駆け付けたものの、臨終には立ち会えなかった。親族を亡くして悲しみにある親族を支え、一方で死後の事務を行うことも、成年後見人等の役割である。

　姪と担当社会福祉士が今後の対応を検討したが、姪以外に喪主を務められる親族はいないということで、姪の意思を確認しながら、担当社会福祉士が葬儀社との打合せに立ち会った。今後の手続のために死亡診断書のコピーを

複数用意し、葬儀や諸々の死後の事務にかかる出費については、姪と担当弁護士が電話で話し合って取扱いを決定した。

　姪の希望により、遺体を安置してある葬儀社で読経し、そのまま火葬場へ向かうことになった。ただ、姪に金銭的な余裕がなく火葬までの費用を立て替えることが困難であったことから、弁護士から家庭裁判所へ電話で連絡し、Bさんの死亡を報告し、火葬までの費用の支払いの許可を受けた。

　葬儀に成年後見人等が参列することもあるが、ペアサポートでは、法人として参列することはしていない。葬儀費用は、葬儀終了後、事務局が葬儀社に支払いを行うことが多い。この事案では、親族がいたため、死後の事務もスムーズに進んだが、親族がいない場合や、本人と親族とのかかわりが全くない場合も、家庭裁判所と相談したうえで、葬儀、場合によっては埋葬まで、成年後見人等が対応することがある。

10　まとめ──事例1・事例2を通して

　2つの事案を通じてペアサポートでの法人後見の活動内容を紹介した。2例とも、弁護士の視点からも社会福祉士の視点からも後見事務が容易な案件とはいえない。ペアサポートでは、弁護士と社会福祉士、そして事務局が、その特性を活かしながら、三位一体で機能することにより、適切な事務遂行が実現できるように心がけている。そのために、年に数回の事例検討会だけでなく、法人外部の学識経験者や弁護士に業務審査委員を依頼し、年1回の業務審査会を実施している。成年後見活動は、成年被後見人等が生活し続ける限り途切れることのない長期にわたるかかわりが求められる。そのためには、法人の存在を長期にわたり維持する努力とともに、後見活動の質も担保しなければならない。ペアサポートのみならず、法人の特性を踏まえて選任された案件については、重い責任が課せられており、それに耐えられるだけの体制・実務が求められている。

1 本人の状況

事例3 高齢者夫婦と障害のある子のいる世帯への支援〈社会福祉協議会〉

事案の概要
【本人】Cさん（妻、70歳代）とDさん（夫、80歳代）夫婦。
【健康状態】Cさん：要介護度4、アルツハイマー型認知症
　　　　　　Dさん：要介護度3、血管性認知症。
【生活場所】自宅。
【親族等】精神科に入院中の子（Eさん）がいる。
【問題点】夫婦それぞれ認知症であり、在宅生活を続けるためには介護サービスが必要であること。

1　本人の状況

　2年前、がんで入院していた妻の病院から、Cさんが病後の療養生活について理解できない、同居の夫にも認知症の疑いがあり退院後の在宅生活に不安があると、地域包括支援センターに連絡が入ったことから、かかわりが始まったケースである。Dさんの退院後は、地域包括支援センターが介護保険の利用継続を進め、ケアマネジャーがかかわり、支援が始まった。約1年が経過した頃、Cさんが突然脳出血で救急搬送され、そのまま入院となってしまい、Dさんの在宅生活に支障が出てきた。Cさんが管理をしていたさまざまな手続が滞り、突然電気が止まってしまった。調べてみるとガスや水道などについても料金の自動引落しの手続が行われておらず、料金滞納となっていたため、いつ利用を止められても不思議ではない状態であった。地域包括支援センターの職員が、支払手続をDさんと一緒に行おうとしたが、Dさんは、状況の理解ができず、通帳がどこにあるかもわからず、手続をすることができなかった。また、このようなDさんの在宅生活を支えるために、

81

福祉サービスの利用が必要となったが、Dさんは、福祉サービスの必要性を理解したり契約をすることもできない状態であった。

一方、入院したCさんは意識不明で、Dさんは入院手続や支払いをすることができなかったため、入院費の滞納が続き、急性期の治療が終わり転院を迫られていたにもかかわらず、何の手続もできない状態であった。

このような状況で地域包括支援センターが行政に相談し、さらに行政の担当ケースワーカーが、夫婦の成年後見制度の利用について、世田谷区社会福祉協議会成年後見センター（以下、「社会福祉協議会」という）の「ケース支援相談」に来所した。相談・検討の結果、夫婦各々の生活を支えるためには、法的な代理権をもつ成年後見人が必要だと判断した。区が、後見開始の審判申立てに必要な診断書の作成をCさん・Dさんそれぞれの主治医に依頼したところ、いずれも後見類型とのことであった。

申立人については、区が親族調査を行った。調査によって実子のEさんがいることがわかったが、精神科病院に入院中であった。そこで、Dさんのきょうだいと連絡をとったが、数十年以上音信不通であることを理由にかかわりを拒否された。申立人となる親族がいないため、Cさん、Dさんともに区長申立てとすることが決定した。

成年後見人候補者の選定にあたっては、社会福祉協議会の「事例検討委員会」で予想される後見事務上の課題として、次のことが検討された。

① Dさんが、精神障害のあるEさんが退院した後に、2人で在宅生活することを強く希望していることから、地域の複数の関係機関と緊密に調整しながら、頻度の高い支援が必要となる。

② CさんとDさんの収支が一体となっているうえに、Eさんの療養費等が支出されていると予想され、CさんとDさんの家計の仕分けが複雑である。

③ Dさん名義の自宅の1階にある店舗部分の賃貸契約および管理、Cさん名義の不動産の借地借家契約・管理などがある。また、収支状況によ

ってはこれらの売却が必要である。

　検討の結果、Ｄさんの成年後見人候補者として、在宅生活を支援するために組織対応ができること、日頃の地域福祉活動の中で福祉関係機関と連携がとれていることから、「社会福祉法人世田谷区社会福祉協議会」とすることになった。また、後見事務を行ううえで、Ｃさんの成年後見人とＤさんの成年後見人が連絡・調整をしやすいように、Ｃさんの成年後見人候補者についても社会福祉協議会とすることになった。

　事例検討委員会の結果を受けて、社会福祉協議会内で方針を確認し、ＣさんおよびＤさんの成年後見人候補者として後見開始審判の申立てに向けた手続を行う旨の起案決裁を法人として行った。なお、同一法人内で各々の立場での支援を徹底するため、ＣさんとＤさんの担当者を分け、そのうえで世帯としてのありようを検討することにしている。

　決裁終了後、社会福祉協議会は、成年後見人候補者事情説明書と法人の登記事項証明書を区に提出し、区が家庭裁判所に後見開始審判の申立てを行った。

2　審判前の事務

　社会福祉協議会では、事例検討委員会で法人が成年後見人候補者となることが決まった時点で事案担当者を決める。事案担当者は後見専門員（嘱託職員、後見事務担当）、法人後見支援員（臨時職員、区民後見人養成研修修了者（後見事務補助））からなる。後見専門員は、申立人である行政ケースワーカーと一緒にＤさんを訪ね、後見開始審判の申立てをすること、社会福祉協議会が成年後見人候補者になることを説明した。Ｄさんからは、「よろしくお願いします」との言葉があった。Ｃさんは、意識不明の状態であることから、この時点での本人訪問は行わなかった。

　社会福祉協議会では、区長申立てがされた後、後見チェックリストにより、受任後の後見事務のシミュレーションを行う。事例検討委員会に提出された

範囲の情報の中で、後見事務の項目の洗い出し、期日が定められている事柄（滞納金の返済、火災保険契約など）の確認をし、事務手続の優先順位を検討し、おおまかなスケジュールを立て、審判確定後、速やかに手続が進められるように準備をした。

3 審判書受領直後の事務

審判書を収受した社会福祉協議会は、申立人に成年被後見人の最新状況などを確認した。そして、内部のケース会議で、確定後の事務とスケジュールを再度確認した（支援者や関係機関との引継ぎの日程を決めた）。

また、申立人である区から、引継ぎ資料として、申立書類等を受け取り、後見事務の資料として保管した。

4 審判確定直後の事務

審判確定後の早い時期に、申立人である区ケースワーカー、地域包括支援センター、Ｄさんのケアマネジャー・訪問介護事業所職員、入院中の子Ｅさんにかかわっている保健師、社会福祉協議会のＣさんとＤさんの担当者でケースカンファレンスを開催し、世帯について情報交換を行い、状況を把握し、役割分担を決めた。

それぞれの事案担当者が、成年被後見人を訪ね、次の手続を開始することとした。

〔Ｃさんの担当者〕
- ・成年後見の届出（年金事務所、所有する通帳の金融機関、郵便物）
- ・収入の把握　他の金融機関の確認（名寄せ）、借地借家契約の確認
- ・滞納先・滞納額の確認
- ・入院契約、転院の交渉

〔Ｄさんの担当者〕
- ・本人の意向確認

- 成年後見の届出（年金事務所、所有する通帳の金融機関、郵便物）
- 収入の把握　他の金融機関の確認（名寄せ）、1階店舗について賃貸契約の確認
- 水光熱費、電話料金の自動引落しの手続
- 滞納先・滞納額の確認
- 介護保険サービス利用契約の締結

　世帯の収支を確認したところ、Dさんについては、自身の収入で、在宅生活にかかる経費と子の療養費を支払っても経済的に自立できるが、Cさんの扶養まではできないことが判明した。Cさんについては、入院費が収入を上回っていること、滞納分の入院費の返済もあることから、不動産の一部を売却して費用にあてなければならないことがわかった。これでようやくCさんとDさんの収支の仕分けと財産管理面での方針が固まった。

　CさんおよびDさんの関係機関へ、成年後見人就任の報告およびそれに伴う手続を行った。なお、Cさんの入院費等の滞納金の支払いについては、家庭裁判所への初回報告終了後となる旨を伝え、この時点での支払いは行わなかった。

5　後見事務初期段階の事務（家庭裁判所への初回報告）

　成年後見人就任の届出をすることにより明らかになった収支をもとに財産目録を作成し、家庭裁判所へ報告を行った。初回報告終了後に、負債として計上していた各種滞納金の支払いを行った。

　Cさんについては、財産調査の結果、負債額が預貯金額を大きく上回っており、すぐにすべての負債を整理することができなかった。支払い先には、速やかに所有不動産の売却手続を行って、返済に向けた努力をすることを説明し、それまでは毎月一定額を支払うことで承諾を得た。

6 財産管理

(1) 定期的な事務

社会福祉協議会では、担当者が毎月の収支状況票を作成している。そして、それを通帳と照らし合わせることで、収支状況の確認を、法人内部の管理職決済により行っている。

Dさんの生活費など小口現金の払戻しは、管理している預貯金口座から担当者がそのつど支出し、収支状況票に入力している。

(2) Cさんの不動産の売却処分

Cさんの担当者が、Cさんの所有する土地および建物の売却手続を進めた。建物には居住者（借り主）がいたことから、困難が予想されたため、売買に実績のある不動産業者を法人として選定した。

売買契約にあたっては、法人の庶務規定に基づき、起案決裁を行い、「審判確定書」、法人の「履歴事項全部証明書」、法人の「印鑑証明書」、手続を行う職員の身分証明書（職員個人の公的な証明書（運転免許証など））、契約日に手続を行う職員についての「業務権限証明書」（世田谷区社会福祉協議会の実印による押印のもの）を添付した。

処分した物件が居住用不動産ではなかったため、家庭裁判所への許可申立てはしなかった。

7 身上監護

(1) Cさんの身上監護

(A) 定期的な訪問・見守り

Cさんは意識不明であり、コミュニケーションをとることができない。10日ごとの入院費等の支払いにあわせて面会をし、本人の身体状況などについて医師・看護師に確認をして、状況を把握している。担当職員と成年後見センターの後見活動をサポートする「法人後見支援員」を交え、チームで対応

することにしている。

(B) 今後に向けての方針

経管栄養のため、特別養護老人ホームへの入所はできない。不動産の売却により得られる資金で入ることのできる、落ち着いた医療施設を探すこととした。医療施設は、Ｄさんが週１回、お見舞いに通える場所で探すことにしている。

(2) ＤさんおよびＥさんの身上監護

(A) 定期的な訪問・見守り

Ｄさんの意向を聞き取り、身体状況や居住環境などについて観察を行い、得た情報に基づきケアプランを見直し、サービス契約や生活に必要な手立てを講じた。また、定期的な訪問（月１回）により生活の見守りを行っている。

定期的な訪問は、法人後見支援員が担当する。この法人後見支援員は、世田谷区区民成年後見人養成研修修了生の中から、社会福祉協議会が臨時職員として雇用し、成年後見センターの後見専門員とチームを組んで担当することにしている。

(B) 定期的なサービス担当者会議の開催

Ｅさんの退院後は、Ｅさんへの生活支援も必要となった。また、Ｅさんの同居によるストレスが、Ｄさんの不穏にもつながり、支援内容・役割分担を適宜見直す必要が出てきたため、Ｅさんの支援者も加え、随時カンファレンスを行い、支援者間の密な連携を図るよう努めている。

(C) 今後に向けての方針

Ｄさんは、住み慣れた家で、自分のペースで生活をしている。近所にある馴染みの喫茶店に出かけたり、外食をしたりすることが楽しみである。週に１回、タクシーに乗ってＣさんを見舞うことを大事にしている。また、Ｅさんのために、自宅での生活を維持したいという気持ちが強い。このことから、成年後見人としては、本人の気持ちを考え、当面は在宅生活を支援していくこととした。

一方、服薬管理ができていないこと、居室が2階にあるため、急な階段を上り下りしなければならないこと、室内には物があふれており転倒の危険性や喫煙のため火災の危険性があることなど、成年後見人としての心配は多い。ホームヘルプサービス（週2回）、訪問看護を利用し、関係機関と連携をとりながら、日常生活を見守っていくことにしている。

8 家庭裁判所への継続報告

継続報告に際しては、「後見事務報告書」、「財産目録」と対象期間の通帳コピー、「現金出納帳」のコピー、毎月の管理職決裁の「収支状況票」に基づく「収支状況報告書」をもとに、「報酬付与申立書」と「報酬付与申立事情説明書」を作成し、起案決裁したものを家庭裁判所に郵送する。継続報告は法人として後見事務を再チェックする機会としている。

9 終了時の事務

現在もCさんとDさんの成年後見人としての職務は続いている。同一法人が、夫と妻の成年後見人を受任し職務を全うするために、それぞれの担当者が個別に財産管理を行い、身上監護面でも各々の立場に立つように意識してきた。

CさんかDさんのいずれかが亡くなり、後見業務が終了したときには、遺された側の成年後見人が、配偶者の成年後見人として、Eさんとともに、死後の事務や相続の手続を行うことになると考えている。相続については、CさんもDさんも遺言を残していないようなので、法定相続分に基づいて手続を行うことになると考えている。

事例4　障害のある方への支援――申立支援からかかわって補助人を受任したケース――〈社会福祉協議会〉

1　本人の状況

> **事案の概要**
> 【本人】Ｆさん（40歳代）
> 【健康状態】高血圧で糖尿病を合併。
> 【生活場所】自宅。
> 【親族等】母がいた（死亡）。
> 【問題点】母の死亡をきっかけに、固定資産税や、ライフラインの各種利用料滞納が表面化してきたこと、Ｆさんはほしい物をすぐに購入してしまうため、預貯金がほとんどないこと。

　Ｆさんの母（認知症）の要介護認定の申請に伴い、区ケースワーカーがかかわり始めたところ、Ｆさん自身にも生活支援が必要だと判断し、社会福祉協議会の日常生活自立支援事業につながった。

　しかしＦさんは、何でも「自分でできる」「料金の支払いもしている」「困っていることはない」と言って、支援の介入には拒否的であった。そのため、社会福祉協議会をはじめ、支援者がなかなか生活実態を把握することができず、現状の支援体制に限界を感じていたところであった。

　しかし、同居していた母が死亡したことをきっかけに、Ｆさんの生活が大きく変わった。

　母の死亡によって相続手続を始めることになったＦさんは、「自分でできる」と言っていたが、字を読むことが苦手で、1人では手続ができないことがわかった。また、支払っていたと思っていた固定資産税を滞納していたこ

とにより、自宅の土地建物が競売にかかる寸前であり、自宅に住み続けることが難しい状況になっていた。さらに、各種利用料を滞納していたため、電気、水道、電話が次々に止まるという事態が起こった。亡くなった母が認知症を発症して手続ができなくなった頃から積み重なった問題が、母の死をきっかけに表面化してきたのである。一方、Fさんは、欲しいものがあるとすぐに購入してしまうので、預貯金がほとんどなくなってしまい、当面の生活費のやりくりがかなり厳しい状態に陥っていた。

　関係者の検討により、この状況を乗り切るためには、Fさんの意思を尊重しながら、Fさんに代わって収支状況を把握し、生活の建て直しを図る成年後見人等が必要と判断された。Fさんに何度か説明を重ねながら、了解を得て、利用に向けた手続を進めることになった。

2　審判前の事務

(1) 申立て支援

　成年後見制度の申立てにあたり、Fさんはまず、医師の診断を受けることになった。かかりつけ医がいない場合やかかりつけ医が成年後見制度の診断書作成を断った場合、診断書を作成してくれる医師をどのように見つけるかが問題となる。Fさんの場合は、関係者で相談をして、別件で診断書の作成を依頼したことのある近くの医師を受診することになり、補助類型相当と判断された。Fさんはすでに日常生活自立支援事業で社会福祉協議会とかかわりがあったため、社会福祉協議会を補助人候補者としてはどうかとFさんに提案したところ、本人の承認が得られ、Fさん本人が申立人となって手続を行うことになった。日常生活自立支援事業の利用者ということで、社会福祉協議会の専門員が支援をしてFさんが申立書を作成した。家庭裁判所には、Fさん本人と社会福祉協議会担当職員が同行し、申立てを行った。

　なお、社会福祉協議会内の事務手続として、社会福祉協議会を候補者として申立てをするにあたり、方針と責任を明確にしたうえで、補助人候補者と

する旨の起案決裁を行っている。

　申立て時に社会福祉協議会が家庭裁判所に提出する書類は、「候補者法人後見事情説明書」、「法人登記事項証明書」である。

(2) 方針決定

　社会福祉協議会は、内部の事例検討において、次の判断基準に基づきFさんの補助人候補者となることを検討した。

① 日常生活自立支援事業の利用者であり、社会福祉協議会でそれまでの経緯を知っていること
② Fさんは若く、長い後見事務となるため、法人が望ましい事案であること
③ 在宅での生活であるので、地域で複数の支援機関が密に連携する必要があり、地元密着の後見事務が望ましいこと

　Fさんの自宅にはものがあふれ、衛生的にも問題があり、住み続けることがFさんにとって安心で安全な環境とはいえなかった。また、Fさんには収入がないため、滞納している固定資産税を支払うことができず、自宅の競売を回避することができない。ほかにも負債があることもわかった。成年後見センター内のケース会議で検討を行い、Fさんの生活を立て直すためには、自宅の土地建物を任意売却し、負債の整理と当面の生活費の確保をすることが有効であると判断し、以下の方針を立てた。

① 収支の立て直しを図る。そのために自宅の売却をして、その後の生活資金を確保する。
② 自宅売却をするために引っ越す。
③ 新居での生活を確立する。
④ ③のための生活支援体制を構築する。

　担当者には、Fさんが、生育暦からみて家族以外の女性と接した経験がなかったため、同性の職員を選任した。

(3) 福祉サービス利用支援

　福祉サービスの利用については、補助人の選任を待たず、行政・福祉関係者・社会福祉協議会が協議をして進めた。特に療育手帳の取得については、Ｆさんの今後の生活を支える福祉サービスの利用のために必要となるため、Ｆさんの了解を得て、一緒に取得のための手続を行った。その後、Ｆさんは福祉作業所に通うことになり、日中生活の見守り・相談・助言、食の提供、健康管理、服薬管理など、日常生活の支援の体制が整った。

(4) 本人への説明

　Ｆさんは経済的に逼迫(ひっぱく)していたため、補助人選任後は自宅の売却処分の手続に早急に取り組まなければならなかった。Ｆさんには、担当者から自宅を売却して負債を返済すること、今後は余ったお金で生活をしていくこと、そのために引越しをして新たな場所で生活を始めることの必要性を、繰り返し説明した。Ｆさんの不安を受け止め、安心してもらうために、福祉作業所と連携して、対応できるようにした。それでも、Ｆさんの気持ちは落ち着かず、さまざまな訴えが各関係者へなされた。

3　審判書受領直後の事務

　社会福祉協議会は、家庭裁判所から審判書が届くと速やかに収受起案を作成し、審判が確定する２週間後、法人として、後見業務を開始することになる。その後、社会福祉協議会のケース会議で、確定後の後見事務のスケジュールを再度確認する。そして、支援者や関係機関との引継ぎの日程を決め、審判が確定してから、速やかに活動を開始できるように準備を行った。なお、審判により決定された補助人の権限は、不動産処分、賃貸契約、預貯金等の金銭取引についての同意権・代理権である。

4 審判確定直後の事務

(1) 審判確定証明書の取得

　Fさんの経済状況から、審判が確定した直後から速やかに補助人として手続を開始しなければならなかったため、補助開始等の登記完了を待たず、補助人の権限を示すものとして、家庭裁判所の発行する審判確定証明書により、各手続を進めていった。

(2) 財産管理

　補助人の届出には、「審判確定証明書」、法人の「履歴事項全部証明書」、法人の「印鑑証明書」、手続を行う職員の身分証明書（職員個人の公的な証明書（運転免許証など））の提出が求められる。特に金融機関では、後見の「登記事項証明書」を持参しても、手続をしている者が法人職員であることの証明を求められることが多い。その際の証明書類として、法人の職員証は認められず、公的な証明書（運転免許証など）が必要とされ、さらには、電話で社会福祉協議会に照会がされることもある。

　また、社会福祉協議会では、印章管理規程により、公印を持ち出すことができないため、手続の際は、事前に提出書類や書式を確認・入手し、押印してから窓口に提出する手順となる。手続先が成年後見人等の届出に精通している場合は、必要書類をすべて揃えておけば、窓口では提出するだけになるため、効率的に事務が運ぶが、そうでない場合には窓口で新たな書類の提出を求められるなどして、押印のために社会福祉協議会に戻らなければならず、しばしば職員を悩ませる事態となっている。

(A) 財産調査

　財産調査については、ものであふれかえっている自宅から通帳等や関係書類を探すことは不可能であった。そこで、補助人就任の届出を行うと同時に、年金事務所に金融機関に名寄せを依頼し、いずれも紛失届を提出するところからスタートした。

(B) 補助人の届出

前述のとおり、補助人として預貯金等金融関係の代理権を付与されていたことから、本人名義の預貯金口座のある金融機関に補助人就任の届出を行った。そして、社会福祉協議会に近い場所にある金融機関の口座を日常管理口座とし、支払いなどの関係をそこに集約することとした。

(C) 生活費の手渡し

補助人が預貯金を管理することになったため、Fさんへ生活費を手渡す必要があった。Fさんが自分で管理できる生活費は1週間分であった。幸いなことに自宅と福祉作業所の中間に社会福祉協議会があるため、週1回、曜日を決めて、福祉作業所に行く前に寄ってもらい、1週間分の生活費を現金で渡すこととした。

(D) 負債への対応

都税事務所には、Fさんの補助人として、家庭裁判所に、就任時初回報告と同時に居住用不動産の処分を申請し、許可の審判がなされ次第、自宅の売却処分を行い、滞納分の固定資産税を支払うという返済計画を示し、競売延期の上申をした。水道、電気などのライフラインについては、売却処分後に必ず支払いを行う旨を説明し、支払計画書を提出し、支払延期の交渉を行った。

(3) 自宅の売却処分

自宅の売却処分を行うために、早急に亡母の相続手続、自宅売却に向けた手続、引越しを行わなければならなかった。そのため、選任時初回報告書の作成、自宅不動産の売却許可の申立て、引越し先の確保を同時進行で行うことになった。

自宅売却については、2階建ての自宅内にはものがあふれており、また、賃借人に間貸しをしている状態で、買主を探すことが困難な物件であった。そのため、自宅の売却に関しては、相続に伴う手続を含め、社会福祉協議会にかかわる弁護士に委任することとした。

これらの事務については法人として決定し、実際の業務遂行を担当者が行った。

5　初期段階の事務（家庭裁判所への初回報告）

家庭裁判所へ補助開始の申立てをしてからも、Ｆさんの生活資金は減り続け、経済的にさらに厳しい状況になってきていたことから、収支報告書・財産目録の作成を急いで行い、家庭裁判所へ提出した。あわせて、居住用不動産の処分許可の申請を行った。

6　財産管理

(1) 定期的な事務

社会福祉協議会では、担当者が収支状況票を作成し、日々の出入金の管理を行っている。月１回、預金通帳と照らし合わせ、収支状況の確認を係長管理職が行い、財産管理の万全を期している。

(2) 自宅の売却処分

家庭裁判所より居住用不動産の処分許可の審判書が届いた。

Ｆさんの新居については、地域障害者相談支援センターに相談し、障害者に理解のある大家の物件を紹介してもらった。

その物件をＦさんと担当者が見学したところ、Ｆさんがとても気に入ったため、契約をすることになった。

賃貸借契約にあたっては、代理権を有する社会福祉協議会の実印で契約を行うことになるため、法人内部手続として、賃貸借契約についての起案決裁を行った。

また、自宅不動産の買い手がみつかり、不動産売買契約を行った。売買契約については、Ｆさんの居所に関する重要な契約であること、金額が多額であることから、法人の庶務規程により、常務理事決済とした。実際の契約にあたっては、4(2)に記載した資料のほか、契約日に補助人として手続を行う

担当者についての「業務権限証明書」(社会福祉協議会の実印による押印のもの)を添付した。

7　身上監護

社会福祉協議会は、Fさんの身上監護について、本人の支援体制構築のため、地域相談支援センター担当者、福祉作業所担当者、区の障害担当ケースワーカーと保健師で呼びかけケースカンファレンスを開催して情報交換を行い、状況を把握し、役割分担を決めた。

Fさんは、生まれ育った住み慣れた自宅から引っ越さなければならないということで、精神的にも不安定であった。そのため血圧が一定せず、身体面にも影響が出てきていた。そこで、福祉作業所に健康チェックと服薬管理を依頼すると同時に、新居へのヘルパー派遣の検討を区に依頼した。本人の通院には区の保健師が同行して体調管理をしてくれることになった。こうして身上監護面では、本人の支援体制が整い始めた。

それでも、時々不安になった本人の感情が高ぶり、担当者を言葉で攻撃することがあった。Fさんは、自分の思いどおりにならないことがあると、担当者の話を聞こうとしなくなる。Fさんと補助人担当者の信頼関係を維持するのが難しい状態になったこともあった。しかし、Fさんが日中を過ごす福祉作業所と、常に連絡をとりあい、時に本人対応についてのアドバイスを受けたり、本人の理解を促すために補助人に代わって説明をしてもらったり、さまざまな役割を担ってもらうことで何とか関係を保っている。また、担当者は本人に寄り添い、聞き役となり、他の職員が本人の間違いを正したり、指導をするようにしたりと、Fさんの状況に合わせて複数の職員が役割を決めて対応している。このようなことができるのも、法人後見の長所といえる。

8　家庭裁判所への継続報告

継続報告に際しては、「後見事務報告書」、「財産目録」と対象期間の通帳

コピー、「現金出納帳」のコピー、毎月の管理職決裁の「収支状況票」に基づく「収支状況報告書」をもとに、「報酬付与申立書」と「報酬付与申立事情説明書」を作成し、起案決裁したものを家庭裁判所に郵送する。継続報告は法人として後見事務を再チェックする機会としている。

9 今後の事務

　自宅不動産を売却したため、Ｆさんは負債を返済し、多額な資産を得た。しかし、その資産も、まだ40歳代と若く、収入のないＦさんの生活を支えるためには、十分な金額とはいえない。お金を自由に使いたいＦさんと担当者とのせめぎ合いは今も続いている。預かった資産で、Ｆさんの希望を受け止めながら、安心・安定した生活のためにどのように身上監護を行うべきか、日々悩みながら後見事務を行っている。

　Ｆさんの支援は、地域の中の顔が見える関係のもと、福祉作業所、ヘルパー事業者、区の保健師とケースワーカー、地域障害者相談支援センターと連携をとり、福祉制度をフルに活用する体制を組んでいる。これらの関係者とは３カ月ごとにカンファレンスを開催し、連携をとりながら支援をしている。補助人とＦさんは、週１回のＦさんの来所のほか、電話で頻繁にやりとりをしていて、担当者が不在であっても、毎週社会福祉協議会にやってくるＦさんのことを社会福祉協議会の職員全員が知っており、声かけや話ができるようになってきた。Ｆさんが、補助人としての社会福祉協議会を安心できる存在として認めてくれて、よい関係で長く支援できることを願っている。

●執筆者一覧●

池田　惠利子（いけだ　えりこ）
［社会福祉士・公益社団法人あい権利擁護支援ネット代表理事・日本成年後見法学会副理事長・一般社団法人成年後見センターペアサポート代表理事・社会福祉法人世田谷区社会福祉協議会成年後見センター運営委員］

　成年後見制度には法制度審議会の議論からかかわり、家族機能の低下の中で本人の権利擁護としての制度活用を推進してきた。虐待対応やセルフネグレクト等への支援・研修講師として活躍。

冨永　忠祐（とみなが　ただひろ）
［弁護士・一般社団法人成年後見センターペアサポート代表理事・日本成年後見法学会常任理事］

　自ら成年後見人を多数受任するほか、高齢者・障害者の権利擁護にかかわる活動に取り組み、区市町村や社会福祉協議会等への助言・指導のほか、講演や執筆活動を精力的に行っている。

小嶋　珠実（こじま　たまみ）
［社会福祉士・一般社団法人成年後見センターペアサポート理事・公益社団法人あい権利擁護支援ネット理事］

　成年後見人等のほか、障害者施設・相談機関のスーパーバイザー、大学・専門学校などの講師として活動。臨床心理士として知的・発達障害者の評価・相談にかかわる。

田邉　仁重（たなべ　ひとえ）
［社会福祉法人世田谷区社会福祉協議会権利擁護支援課成年後見センター課長・社会福祉士］

社会福祉協議会成年後見センター設立に関与。区民成年後見人養成研修の立上げから相談・支援・監督、法人後見の受任にかかわっている。

新保　勇（しんぽ　いさむ）
［一般社団法人成年後見センターペアサポート事務局担当］

　平成17年11月成年後見センターペアサポート設立時より事務局立上げに関与。企業における法務、総務、不動産関係業務（昭和44年司法書士認可。平成３年宅地建物取引主任者）の実務経験を踏まえ、法人後見の特性を活かしつつ、各種事案の共通項についてマニュアル化、事務の効率化を図り後見事務にあたっている。

法人後見実務ハンドブック

平成27年6月12日　第1刷発行

定価　本体1,300円＋税

著　者　池田惠利子・冨永忠祐・小嶋珠実・田邉仁重・新保勇
発　行　株式会社　民事法研究会
印　刷　藤原印刷株式会社

発行所　株式会社　民事法研究会
〒150-0013　東京都渋谷区恵比寿3-7-16
〔営業〕TEL 03(5798)7257　FAX 03(5798)7258
〔編集〕TEL 03(5798)7277　FAX 03(5798)7278
http://www.minjiho.com/　info@minjiho.com

落丁・乱丁はおとりかえします。　ISBN978-4-86556-002-2　C2032　￥1300E